Main Components of e-Estonia

ACCESS AROUND THE WORLD

HUNDRE...

PUBLIC SECTOR

HEALTH REGISTER

POPULATION REGISTER

SECURE DATA EX...

Connecti...

TRUST SERVICES

e-SCHO...

e-POLICE

THOUSAN...

CITIZEN

CHO...

Digi-ID

STATE RECOGN...

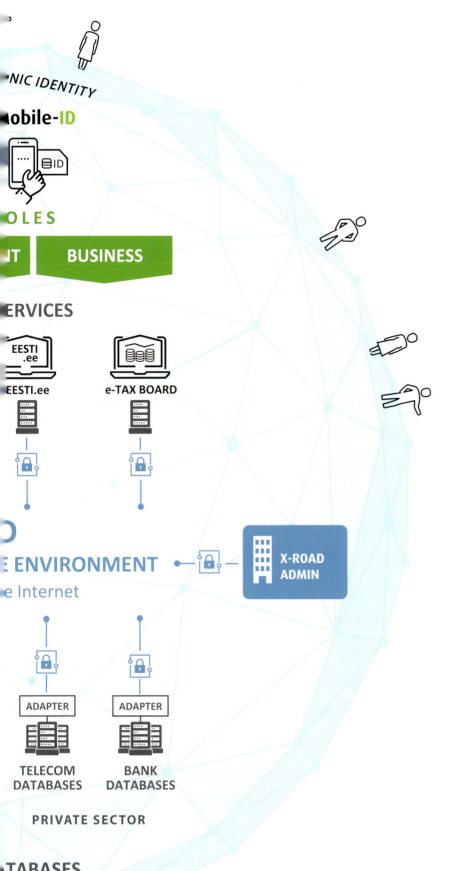

e-Estonia
e-Governance
in Practice

e-エストニア デジタル・ガバナンスの最前線

序文

エストニア共和国は、北欧バルト海の東側に位置し、ロシアに隣接する人口約130万人の国家です。日本政府とエストニア政府の間では、日・エストニアサイバー協議の開催等、近年、IT・サイバー分野での協力関係が進展しつつあります。私自身、エストニアとは縁が深く、日本・エストニア友好議員連盟の会長を務めさせていただいており、これまでに何度もエストニアを訪問しています。

エストニアは、日本に比べると決して大きな国ではないものの、世界で最も電子政府の取り組みが進んでいる国の一つとして知られています。オープンイノベーションが進む次世代社会の構築においては、小国から学ぶことも非常に多くなると考えています。一方で、エストニア政府からは「サイバーセキュリティ基本法」や「官民データ活用推進基本法」等が同国の法整備の参考にされていると聞いております。手続きの電子化にとどまらず、迅速かつ正確にデータを利活用し、いかに国民生活と利便性の向上に寄与するかは、今後、世界共通の課題となることでしょう。

日本では、2017年5月に「デジタル・ガバメント推進方針」が、2018年1月に「デジタル・ガバメント実行計画」が策定され、2019年3月には「デジタル手続法案」が閣議決定されるなど、デジタル・ガバメントの実装に向けた取り組みが本格化しつつあります。その中には「デジタルファースト」、「ワンスオンリー原則」等、エストニアからの学びも反映されています。

少子高齢化をはじめ社会構造の変化が急速に進む日本において、すべての人が安心で幸せに暮らせるデジタル社会への移行は、政府が一丸となって取り組むべき最も重要な課題の一つです。今後、日本が乗り越えていく課題解決は、他の先進国が迎えるであろう同様の社会構造の変化に対しても参考にされていくよう、取り組んでまいります。

エストニアにおけるデジタル国家の成立には、その歴史・文化・社会的背景が密接に関わっています。日本においても、破壊的技術からインクルーシブ・イノベーションの積極的な実装等、日本ならではの要素を持つデジタル・ガバメントを目指していますが、簡素な手続きという共通の目標において、ユーザー目線での開発を基本とするエストニアの経験に学ぶことは、大いに参考となると確信しております。

本書は、エストニアの電子行政の全貌を紹介するものであり、デジタル社会を実現す

るためのヒントが凝縮された一冊といえるでしょう。本書が日本で発行されることは、日本のデジタル・ガバメント実現に向けた取り組みにおいて大いに意義のあることであり、大変喜ばしいことであります。本書から得られる学びが、情報技術とデータを最大限活用した便利で、効率的な社会システムの構築、ひいては国民が安全、安心、豊かさを実感できる社会の実現につながっていくことを期待しております。

平井卓也（情報通信技術（IT）政策担当 内閣府特命担当大臣）

はじめに

　エストニアでは、行政のデジタル化により、国民は24時間365日いつでもインターネットで公共サービスを利用できます。また、国とのやりとりや国民間・企業間のやりとりには、国の認定を受けた『デジタル署名』と『タイムスタンプ』が使われています。この制度により、各種電子サービスにアクセスしやすくなるだけでなく、個人情報が悪用されていないかをチェックすることも簡単にできます。アクセスの向上により国民にデジタル社会の一員としての意識が芽生え、コントロールの向上によりデジタル社会への信頼感が生まれるのです。e-エストニアの中心にあるものは、デジタル化された行政機関ではなく、国民と国民の権利です。エストニアの取り組みが読者のみなさんの参考になれば幸いです。

エストニア共和国大統領
ケルスティ・カリユライド

序文　平井卓也（情報通信技術（IT）政策担当 内閣府特命担当大臣）　……　2

はじめに　ケルスティ・カリユライド（エストニア共和国大統領）　…………　5

デジタル社会──理論と実践　8

エストニアの主な電子サービス　…………………………　10

e-バンキング　………………………………………………　12

e-タックス　…………………………………………………　13

e-キャビネット　……………………………………………　14

m-パーキング　………………………………………………　15

e-スクール　…………………………………………………　16

Eesti.ee──e-エストニアへの入口　………………………　17

e-ジオポータル　……………………………………………　18

e-チケット　…………………………………………………　19

e-ポリス　……………………………………………………　20

i-投票　………………………………………………………　22

e-司法　………………………………………………………　23

e-公証人　……………………………………………………　24

e-ビジネス　…………………………………………………　25

e-ヘルス　……………………………………………………　26

e-処方箋　……………………………………………………　27

道路行政のe-サービス　……………………………………　28

e-レジデンシー　……………………………………………　30

e-デモクラシー　……………………………………………　32

エストニアのe-デモクラシーの経緯　……………………　34

オープン・ガバメント・パートナーシップ　……………　37

デジタル社会の計画立案と協調　…………………………　38

エストニアにおけるデジタル社会の協調　………………　38

サイバーセキュリティ・マネジメント　…………………　42

相互運用を可能にするもの　………………………………　48

イントロダクション　………………………………………　50

ブロードバンド・ネットワーク　…………………………　52

電子ID ……………………………………………………… 56
個人識別コード ………………………………………… 58
エストニアのIDカード ……………………………… 60
モバイルID ……………………………………………… 63
スマートID ……………………………………………… 65
e-レジデンシー ………………………………………… 66
電子署名ツール ………………………………………… 67
e-シール（電子印鑑）………………………………… 68
国境を越えた単一デジタル市場 …………………… 70
データ交換基盤 ………………………………………… 72
相互運用ソリューションカタログ ………………… 80
ベースレジストリ ……………………………………… 84
サービスポータル ……………………………………… 86
オープンデータ・インフラ ………………………… 88
空間データ・インフラ ……………………………… 89
住所システム …………………………………………… 90
ITセキュリティシステム …………………………… 91
政府クラウド …………………………………………… 92
ブロックチェーン ……………………………………… 93

e-ガバナンスにおける法律 …………………………… **94**

機関と組織 ……………………………………………………**100**

公共セクター …………………………………………… 102
非政府組織（NGO）…………………………………… 108
エストニアのICTビジネスクラスター …………… 110
学術研究機関 …………………………………………… 111

ICTと教育 ……………………………………………………**112**

一般教育におけるICT ………………………………… 113
生涯学習としてのIT教育 …………………………… 114
デジタルスキル向上のための活動 ………………… 115

e-Governance Academy ……………………………**116**

参考文献 ………………………………………………………… 118

監訳者あとがき　南雲岳彦
（三菱UFJリサーチ＆コンサルティング株式会社常務執行役員）……………… 120

　過去四半世紀にわたり、多くの国が、デジタル社会の実現に向けた行動計画を国家政策に盛り込んできた。特にここ10年、世界中の国家指導者や政治家が「デジタル」という言葉をさかんに口にしている。それには次のような理由がある。現在（2019年）、世界の人口の半数以上がインターネットを日常的に使っているが、社会の「包括的で持続可能な成長」のためのツールとして使いこなす人々と、その流れに取り残された人々とのあいだの「デジタル・ギャップ」はいまだに解消されていない。**デジタル社会とは、デジタル情報をつくりだし、それを発信して広め、利用し、さらにはそれらの情報を統合することが、重要な経済的・政治的・文化的活動となっている社会だといえるだろう。**どんな国でも社会のデジタル化は実現可能であり、多くの国の政府がそのためのプロセスを政策の最重要課題にしつつある。

　「e-Estonia」とは、世界で最も先進的なデジタル社会を実現しつつある国家としてのエストニアを指す言葉である。先見性のある政府、積極的なICTセクター、流行に敏感でテクノロジーに精通した国民という三者の協力関係が、このサクセスストーリーを支えている。

　エストニアでは、ICT（情報通信技術）が急速に発展するとともに、テクノロジーを国の利益のために利用することができるようになった。エストニアでは、国民のインターネットへのアクセス向上に重点を置き、デジタル・リテラシーの向上に努め、新しいデジタル・サービスの発展を促してきた。「インターネット」という言葉は常に、人類のよりよい未来を約束する希望に満ちた言葉として使われてきた。

　デジタル社会の発展を方向づけるイノベーションの多くは、民間セクターが学術的な理論を応用可能なソリューションに転換することによ

エストニアのe-社会の指標

100% の学校と地方自治体がコンピューターを所有

99% の銀行振り込みがオンライン送金

98% の処方箋がオンライン発行

98% の国民がIDカードを所有

デジタル社会
理論と実践

by リンナー・ヴィーク

って生まれている。だが、デジタル社会の変革プロセスにおける政府と公共セクターの役割は、ここ数年、間接的・支援的なものから主導的なものへと変化してきている。もはや政府は、ICTを推進して公共サービスを効率化する、単なるテクノロジーの利用者ではない。デジタル変革が秘めた潜在性と影響力を最大限に享受するために、みずから率先して、デジタル国家へのロードマップを策定していく必要がある。デジタル・ソリューションは生活のあらゆるセクターや領域に関係しているため、そうしたセクターやそこから得られるノウハウも変革プロセスに取り込む必要がある。包括的な協力関係とデジタルな連携システムは、e-エストニアというデジタル社会を発展させるうえで、最も優れたリーダーシップ・モデルであると評価されてきた。

同時に、この変革プロセスでは、デジタル社会において政府がその責任者となるべき重要な基盤、つまり中心的な構成要素が存在する。エストニアにおける政府公認の最も重要な基盤は、eID（安全なデジタル身分証）とX-Road（情報システムのためのデータ交換レイヤー）だ。他の多くの国とは違い、エストニア国民は誰もが、国が発行したデジタル身分証を保有している。eIDのおかげで、エストニアでは直接本人と対面することなく本人確認ができるようになり、他国より何年も時代を先取りすることとなった。一方、X-Roadはさまざまな組織や情報システムを相互に運用可能な状態にし、連携を可能にした。これにより、国民は個人情報を何度も提出しなくてすむようになった。

本書では、サイバーセキュリティ対策、電子身分証システム、データの相互運用性、安全なデータ交換の実施といった、エストニアにおけるデジタル社会の創造と連携の概要を紹介する。また、次世代ブロードバンド・ネットワークの開発、必要な法律と規制の策定、国民の教育など、真のデジタル社会を築くために必要な要素についても詳しく述べる。

95% の税務申告が電子申告

88% の国民が日常的にインターネットを利用

67% の国民がオンラインで国勢調査に回答

32% の投票がインターネットで投票（**2017年選挙**）

9

m-パーキング

e-タックス

Eesti.ee

e-バンキング

e-キャビネット

e-スクール

e-ジオポータル

e-チケット

導入時期 — **1996** — **2000** — **2002** — **2003** — **2004**

エストニアの主な電子サービス

 i-投票

 e-司法

 道路行政のe-サービス

 e-ポリス

 e-公証人

 e-ビジネス・レジストリ

 e-ヘルス

 e-処方箋

 e-レジデンシー

2005 — 2006 — 2007 — 2008 — 2010 — 2014 →

Since 1996

e-バンキング

エストニアでは、政府承認の電子身分証があれば、すべての銀行取引をオンラインで行える。

エストニアの大手銀行「ハンサパンク」（現・スウェドバンク）と「ウヒスパンク」（現・SEB）は、質の高いe-バンキング・サービスを提供することによって、エストニア国民の銀行取引をオンライン化し、電子ソリューションの初期の発展段階において重要な役割を果たした。両銀行とも、無料のIDカードリーダーを備え、取引の安全のためにIDカードの使用を顧客に勧めたことにより、国民eIDカードの普及に貢献した。

エストニアは、ユーザーフレンドリーで安全なオンライン・バンキングが実現していることで世界的に知られている。金融機関では2016年より、「マネーロンダリングおよびテロ資金調達防止法」によって、情報技術を用いた本人確認手続きに従い、オンラインで個人の身元を確認できるようになった。

さらに銀行は、より安全なeID決済を可能にするために「パスワード・カード」を導入し、少額の日常取引でもeID決済を利用するように働きかけた。その結果、「銀行に行く」という表現は、エストニアでは死語になりつつある。また、銀行は電気通信会社と提携して「Look@World」に出資してきた。Look@Worldの主な活動には、2002年、2009年、2010年にエストニアの成人に対して行った無料のコンピューター・リテラシー基礎教育がある。成人の約10％が講座に参加した。Look@Worldに協力した銀行や電気通信会社はまた、2017年まで、スマートデバイスの安全な利用とモバイルe-サービスの開発を推進するプロジェクト「NutiKaitse 2017」にも出資した。

こうした一連の取り組みの結果、驚くことにエストニア国民の99.8％が銀行取引をオンラインで行うようになった。欧州中央銀行によれば、エストニアの銀行は他のユーロ圏の銀行と比べても非常に業務効率が高いという。

99.8％ の銀行取引がオンライン。モバイル・バンキングの利用が急速に増加

メリット

1. 銀行の支店へ直接出向く必要がない
2. オンライン決済は従来の取引と比べて低コスト
3. 顧客も銀行も時間と費用を節約できる
4. 24時間365日いつでも利用可能
5. インターネット経由でどこからでも安全なアクセスを実現

プロジェクト推進者：
大手銀行のスウェドバンクとSEBがエストニアのオンライン・バンキングの発展をけん引してきた。
🌐 www.swedbank.ee 🌐 www.seb.ee

Since **2000**

e-タックス

e-タックスは、エストニア国税局が設置した電子納税申告システムであり、eIDの利用拡大に大きく貢献した。2000年にe-タックスが導入されると、個人と企業経営者が納税申告に費やす時間が大幅に短縮された。

2002年、e-タックスは「自動納税申告書」という画期的なサービスを開始。安全なeIDでシステムにログインした納税者は、フォームに入力済みの個人データを確認し、必要な修正を行い、最後にデジタル署名で書類を承認する。手続きは3～5分で完了することから、エストニアの納税申告の95％がオンラインで行われている。

個人の還付申請に加え、e-タックスでは以下の手続きも行える。
・従業員税を含む法人税還付
・付加価値税還付
・物品税還付（酒、タバコ、燃料、梱包など）
・INF（税控除）申告
・税関申告

e-タックスとe-税関システムの電子サービスは、現在も発展しつづけている。たとえば、2016年には郵便と宅配便の簡易申告システムが導入された。

メリット

1. 納税者数の増加
2. 税務当局の管理コストの削減
3. 3～5分で還付申請が完了
4. 納税者は5日後には還付金を受け取れる
5. 透明性が高く効率的な税金徴収

95%
の税金申告がオンライン

プロジェクト推進者：エストニア国税局
www.emta.ee

Since 2000
e-キャビネット

メリット

1. 内閣の組織力が向上
2. AV機器を使った遠隔会議を導入
3. ペーパーレス化の実現
4. 閣議の平均所要時間を4〜5時間から30〜90分に短縮
5. 環境への影響を低減
6. 政策決定プロセスの透明化と明確化

e-キャビネットにより、閣議の平均所要時間が **1/8** に短縮

e-キャビネットは、エストニア政府の政策決定プロセスを効率化するために使われている強力なツールだ。この情報システムを駆使し、閣僚は会議の準備や開催、議事録の確認、その他の関連業務を完全にペーパーレスで行うことができる。

システムの中核は、リアルタイムで関連情報を更新・整理する共有データベースとスケジューラーである。それらにより閣僚は審議中の各項目についての概要を把握できる。週次会議の事前準備として、閣僚はあらかじめシステムにアクセスして各議題を確認し、自分の立場を明確にしておく。反論したい場合や、意見を述べる必要があるときは、その議題にチェックマークを付けるだけでいい。閣議に先立って内閣のメンバーの立場が明らかになり、反対がない議題は即座に承認されるので、大幅な時間の節約になる。さらに、閣議の最中でも、内閣の決定事項が関係者にメールで通知されたり、ウェブサイトに掲載されたりすることもある。

プロジェクト推進者：エストニア法務省、エストニア共和国官房
www.riigikantselei.ee/en/supporting-government/organisation-work-government

Since 2000

m-パーキング

モバイル・パーキング、すなわちm-パーキングは、ドライバーが携帯電話で市街地の駐車料金を支払える便利なシステムである。現在、m-パーキングは最も普及している駐車料金の支払い方法であり、駐車料金の90％が携帯電話によって支払われている。

　駐車したいドライバーは、位置情報アプリで駐車登録を行うか、あるいは駐車区域コードを送信すればいい。サービス提供機関がデータベースで車両登録番号を確認すると、ドライバーは駐車登録の承認通知を受け取る。駐車を終えて出発する際には、アプリで駐車登録を解除するか、あるいは指定された短縮番号に電話をかける。月末になると、ドライバーの携帯電話利用料に駐車料金が加算されるシステムである。このシステムは、公共駐車場・民間駐車場を問わずに利用できる。

　エストニアのm-パーキング・システムは、世界各国（アメリカ、カナダ、オーストリア、スウェーデン、ドバイなど）で採用されている。各国の導入事例のすべてを追うことはできないが、2016年6月時点では、モバイル・パーキングが駐車料金の支払い方法として普及し、国内のあらゆる有料駐車場で利用できる国はいまだにエストニアだけである。

90%
駐車料金の90％が携帯電話によって支払われている

メリット

1. 利便性──駐車券が不要
2. 地方自治体はパーキング・メーターの設備費用を節約できる

プロジェクト推進者：
タリン市政府と大手携帯通信事業者との共同事業
www.parkimine.ee/en

Since **2002**

e-スクール

e-スクールはエストニアで最も広く利用されている e-サービスの1つである。

　エストニアの学校では、「e-スクール」と「ストゥディウム」というウェブ・アプリケーションが広く利用されている。この2つのツールにより、親も子供も学校関係の情報に簡単にアクセスでき、教師の負担が減るとともに学校運営がスムーズに行える。また、以前より親が子供の教育に積極的に関わるようになった。

e-スクールの利用者は
20万人以上

最大
100万件
の成績を日々記録

メリット

1. 生徒は自分の成績と学習の進捗状況がわかり、オンラインで宿題の課題にアクセスすることもできる

2. 親は子供の教育に積極的に関われる

3. 教師・保護者間のコミュニケーションが向上

4. 教師の学級運営・記録業務が効率化

プロジェクト推進者：
Look@World財団
www.ekool.eu

Since 2003
Eesti.ee——e-エストニアへの入口

e-エストニアへの入口はwww.eesti.eeに一本化されており、ユーザーはさまざまなe-サービスを簡単に利用できる。また、このポータルは、新しいサービスを統合・推進するための信頼性と利便性を兼ね備えたプラットフォームを政府に提供している。

[2018年統計]
・1日に平均1万4000回のアクセス
・160以上の国々からアクセス
e-サービスの閲覧数は全体で約500万回（エストニアの人口の5倍）。

メリット
1 窓口の一本化
2 すべてのe-サービスへのアクセスがより簡単に
3 新しいサービスを推進するための便利なプラットフォーム

プロジェクト推進者：経済通信省（www.mkm.ee）、エストニア情報システム局（www.ria.ee）
🌐 www.eesti.ee

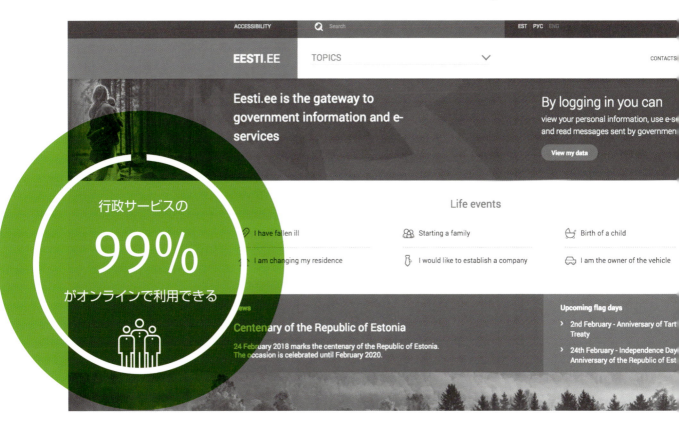

Since 2003

e-ジオポータル

エストニア国土局が管理しているジオポータルは、さまざまな地図サーバーや空間データサービスから情報を集めるのに便利なツールである。たとえば、地価・地理的条件・利用状況などに関する情報が登録されている電子地籍台帳へのポータルリンクも提供されている。

GIS（地理情報システム）と連携した「e-ジオポータル」は、X-Road経由でリアルタイムの地理データを提供している。この地理データによって、さまざまな情報を地図上に表示することが可能になり、多くの位置情報サービスで活用されている。e-ジオポータルは、EUの地理空間情報基盤構築プロジェクト（INSPIRE）を構成しているエストニア空間データ基盤の一部である。

もう1つの重要なe-サービスに「e-土地登記簿」がある。公的な財産所有権データベースに接続されているので、不動産の所有権や抵当権に関わる利用制限に関する情報にアクセスできる。この電子登記簿がつくられてから、エストニアの不動産取引は大きく変わった。わざわざ登記所に出向き、記録を閲覧するために何時間も待たされるといったことがなくなった。ペーパーレス化により、土地取引に要する時間は大幅に短縮された。

いまや不動産市場に欠かせないツールとなったe-土地登記簿は、取引の透明性を確保するために、個々の区画に関するさまざまな登録情報（地籍情報、利用制限、担保権などの情報）を買い手に提供している。不動産事業者にとっても、マウスを数回クリックするだけで土地の登記情報に即座にアクセスし、所有者を確認できるというメリットがある。

メリット

1. 一般的な不動産情報の照会が簡単
2. 土地の登記文書へのアクセスが便利
3. 不動産詐欺や汚職を防止する透明なシステム
4. 時間の節約、管理コストの削減、ペーパーレス管理の実現

プロジェクト推進者：

エストニア法務省、登録情報システムセンター
e-ジオポータル　geoportaal.maaamet.ee
e-土地登記簿　www.rik.ee/en/e-land-register

Since 2004

e-チケット

e-チケットは、地域公共交通機関の個人向け乗車券とともに導入された発券ソリューションで、タリン市とタルトゥ市で進められている。

タリン市とタルトゥ市でe-チケットが導入されたきっかけは、それぞれの市役所が、特定の地元住民（学生、高齢者、障害者など）に対して割引運賃を適用するという新政策を打ち出したことにある。当初、乗客の状況を把握する方法として、特定の利用者に新たな乗車カードを発行するという案が出ていたが、補助コストがかさむことからかえって利用者のデメリットになると考えられた。

加えて、e-チケットへの移行を後押しした要因として、次の2点を挙げることができる。まず、政府がeIDカードの利用を開始したこと、そして、安全なデータ交換レイヤーであるX-Roadを広範囲に導入したことにより、さまざまなデータベースの参照が容易になったことである。eIDカードとX-Roadの2つのツールは、IDカードに基づくe-チケット・システムの土台となり、タリン市とタルトゥ市の公共交通機関におけるe-チケットの幅広い利用へと結びついた。

メリット

1. 乗車券が有効かどうかを確認しやすい――乗車データはeIDカードに記録され、乗車のたびに認証が必要。

2. 乗客にとって便利で手間がかからないシステム――紙の乗車券の購入が不要。携帯電話あるいはキオスクなどから、自分のアカウントにチャージ（入金）できる。

3. 市の担当者は、e-チケットのデータから公共交通機関の利用状況を分析できる。

プロジェクト推進者：
タルトゥ市政府
https://www.tartu.ee/en/tartu-bus-card
タリン市政府
http://www.tallinn.ee/eng/pilet/SMARTCARD
www.ridango.com

Since **2005**

e-ポリス

エストニアの電子警察システムは「最高の意思疎通と連携こそが、最も有効な治安維持活動である」という考えに基づいている。

e-ポリスシステムは次の2つのツールで成り立っている。パトカーに設置されている「モバイル・ワークステーション」とパトカーの位置と状況を示す「指令センターの測位システム」である。各警察車両はコンピューター（トランクの中に収納されている）、モニター、測位装置を搭載しており、デジタル地図にアクセスできる。さらに、現場の警察官は、パトカーのモバイル・ワークステーションを使って、警察のデータベース、移民局、車両登録簿、交通保険基金などから即座に重要な情報を入手できる。

メリット

1. 司令センターがパトカーの位置を常に把握
2. 業務改善の具体例：

プロジェクト推進者：
エストニア警察・国境警備隊
www.politsei.ee

70%増
被害届の1日あたりの処理件数

交通事故の死者数
1/4

10倍
毎月の車両検索件数

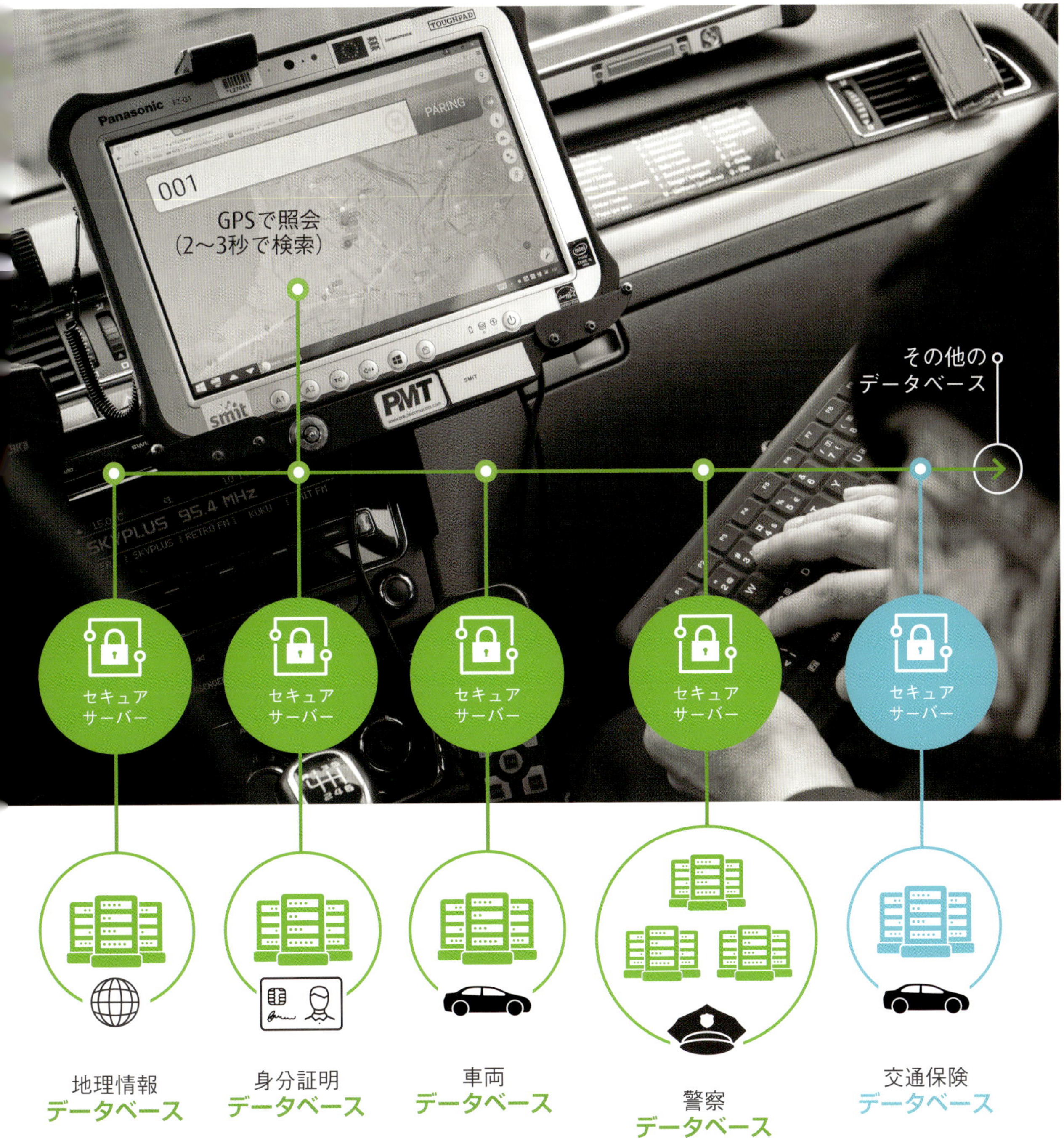

効率的な治安維持を実現するツール

001

GPSで照会
（2〜3秒で検索）

その他の
データベース

セキュア
サーバー

セキュア
サーバー

セキュア
サーバー

セキュア
サーバー

セキュア
サーバー

地理情報
データベース

身分証明
データベース

車両
データベース

警察
データベース

交通保険
データベース

i-投票

Since 2005

インターネット投票（i-投票、またはオンライン投票）は、有権者がインターネットに接続されたコンピューターを使って、世界中のどこからでも国政選挙および地方選挙に参加できる制度である。i-投票は選挙へのアクセスを向上させるための投票方法として利用されており、他国で採用されているような、投票所に置かれた特殊な投票機器を使用する電子投票システムとはまったく別のものである。

エストニアのi-投票は、シンプルで便利で安全な投票ソリューションであり、有権者は投票所に行かずに、自宅、会社、外国など好きな場所から投票できる。ただし、IDカードやモバイルIDでシステムにログインして本人確認を行えるのは事前投票期間だけである。

投票後、有権者の身元情報は、国家選挙委員会が最終集計を行う前に削除されるため、投票の匿名性が保たれる。なお、オンライン投票期間中であれば再投票もできる。その場合、過去の投票は無効になる。オンライン投票期間が過ぎると、選挙当日の二重投票を防ぐため、オンライン投票した有権者のリストが投票所に送られる。

エストニア初のi-投票は2005年の地方選挙で、当時この方法で一票を投じたのは全有権者のおよそ2%だった。現在までに9回のi-投票が行われ、オンライン投票者数は回を重ねるごとに増加している。2017年の地方選挙では、31.7%の票がオンライン投票だった。この年は、国外128ヵ国に居住するエストニア国民がi-投票を利用した。

i-投票では実際に投票所に行く必要はなく、すべての投票手続きをオンラインで行うことができる。結果的に、国内のすべての有権者がi-投票のおかげで節約できた時間を合わせると、1万1000日分の就労時間に相当するという（E-Estonia.com）。

i-投票は決して選挙の重要性を損なうものではない。

プロジェクト推進者：エストニア電子投票委員会
www.valimised.ee/en/internet-voting/internet-voting-estonia

投票の **30%** 以上がオンライン

Since 2006

e-司法

裁判情報システム（KIS）は、エストニアの裁判所が扱うすべての訴訟で使われている単一の情報システム（IS）である。コンピューターによる訴訟手続きと電子コミュニケーション・ツールにより、エストニアは世界で最も効率的な裁判制度を備える国になった。

KISを使えば、すべての訴訟、審理、判決が1ヵ所にまとめられ、裁判官の自動割り当て、呼出状の作成、公式サイトでの判決の公表、メタデータ（関連情報）の収集まで行うことができる。

国民が「パブリックe-ファイル」を通じて申し立てをすると、必要書類がすべて自動でKISにアップロードされ、職員がボタンを数回クリックするだけで新たな裁判を始められる。検察の刑事訴訟手続きについても同じである。

裁判所が書類をKISにアップロードすると、X-Roadを通じてe-ファイル（訴訟手続きの統合システム）に送られるので、各IS（検察IS、警察IS、刑務所IS）は同時に情報を交換することができる。また訴訟当事者たちは、IDカードまたはモバイルIDでパブリックe-ファイルにログインし、裁判所に書類を提出したり、訴訟過程を確認したりすることが可能になる。

メリット

1. 裁判手続きの迅速化
2. 裁判官の業務を適正に管理
3. 裁判内容の公表にかかる時間を削減
4. 書類作成（標準的な裁判所命令など）の自動化
5. 裁判の進行状況がわかる

プロジェクト推進者：登録情報システムセンター
www.rik.ee

e-公証人

Since **2006**

e-公証人システムは、公証人の日常業務を支援することを目的に開発されたオンライン・プラットフォームで、政府機関との電子的なやりとり（登録簿の照会など）も簡単に行える。

システムは公証人会議所が所有し、サーバーは登録情報システムセンターが管理している。登録情報システムセンターは、ユーザーサポートとユーザートレーニング、継続的なシステム開発を行う。e-公証人のプラットフォームは、公証人と公証人役場の職員（公証人代理、弁護士、秘書、受付係、アーカイブ担当者など）のみが使える。ユーザーは16種類の登録簿を照会できる。

メリット

1. 公証人業務のスケジュールを作成できる
2. 合意書の作成にデジタル署名が使える
3. 国の登録簿を確実に調べられる
4. 国の登録簿へデータを転送できる
5. ペーパーワークを最小限に抑え、印刷とデータ入力の回数を削減
6. 公証人・クライアント間の形式的な手続きを削減——公証人とやりとりする時間を短縮

プロジェクト推進者：
エストニア法務省、公証人会議所
www.rik.ee/en/other-services/e-notary

Since **2007**

e-ビジネス

e-ビジネスは、エストニアで登録されているすべての法人の最新情報を保有する公的データベースに接続しているオンライン・プラットフォームである。

　さらに、e-ビジネスはオンライン企業登録ポータル――企業家が商業登記簿に申請書や関係書類、年次報告書をオンラインで提出できるようにするオンライン・プラットフォーム――も管理している。IDカードやモバイルIDを使わなければ申請書には署名できない仕組みになっている。このペーパーレスの企業プラットフォームにより、エストニアは管理コストを大幅に削減した。また、企業登録にかかる時間は18分、わずか3時間で会社を設立できるので、多くの外国人投資家がエストニアに興味を示している。

企業登録ポータルで利用可能なサービス：

・新しい企業や非営利組織の設立、登録データの修正・整理・削除の申請
・年次報告書の編集・署名・提出のための電子プラットフォーム
・電子請求書を作成できるオンラインの会計ソフト

プロジェクト推進者：
エストニア法務省、エストニア共和国官房
e-ビジネスおよび企業登録ポータルに関する詳細は以下を参照：
🌐 ariregister.rik.ee
🌐 ettevotjaportaal.rik.ee

メリット

1. 企業の一般データと税金滞納データを調べられる
2. 企業が行うデータ処理と修正記録をリアルタイムでチェックできる
3. エストニアにおける事業や起業の制限を確認できる
4. 企業と個人の関係を視覚化できる
5. 年次報告書、定款、私的・商業的担保に関する情報などにアクセスできる

Since 2008

e-ヘルス

e-ヘルスは、さまざまな医療関係者からのデータを統合して単一の電子ファイルを作成し、患者一人ひとりの包括的な記録を提供する全国的なシステムである。e-ヘルスには、診断結果・通院記録・検査結果・治療内容・処方薬などの情報が含まれている。また緊急時には、医師は患者のIDカードを使って、重要情報（血液型・アレルギー・最近の治療・服用中の薬・妊娠状態など）を確認できる。

e-ヘルスは、一元管理された全国的なデータベースのように見えるかもしれないが、実際には複数のサービス提供者（個々のサービス提供者がさまざまなシステムを使っている

ホーム・ドクターのエーロ・メリリンド氏の仕事にはICTツールが欠かせない。

可能性もある）から必要に応じてデータを取得し、標準的なフォーマットで表示している。これにより、文書化のプロセスが整備され、医療関係者が関連情報（レントゲン検査の画像ファイルなど）にアクセスでき、患者中心の質の高いケアが促進されている。また、政府統計用にデータを集計することで、関係省庁が国民の健康状況を評価したり、伝染病について追跡調査をしたり、国の医療資源が適切に配分されているかを確認したりできる。e-ヘルスには患者ポータルの役割もあり、患者は自身の記録だけでなく、未成年の子供の記録にもアクセスできる。eIDで患者ポータルにログインすると、主治医の名前、過去の通院歴、処方箋などの個人の健康記録を確認でき、さらに健康に関する簡単なアドバイスも受けられる。

メリット

1. 医師たちの事務作業の手間を大幅に削減
2. 緊急時に重要な個人情報にアクセスできる
3. 患者に優しい医療サービスを提供
4. 医療システムの効率アップ
5. 国民の健康状況に関するデータの自動収集

プロジェクト推進者：
e-ヘルス財団（エストニア経済通信省が出資した団体）
患者ポータルに関する詳細の参照先 🌐 www.digilugu.ee

95%
の医療データが
デジタルデータ

メリット

1. 薬を再処方する際に診療予約が不要で医師も患者も時間を節約できる
2. 患者は紙の処方箋を保管する必要がない
3. 病院や薬局での事務作業の削減

Since 2010

e-処方箋

e-処方箋は、エストニアの最先端のe-ヘルスシステムにおける重要なイノベーションで、国民に最もよく使われているe-サービスである。

　e-処方箋は医療処方箋（オンライン・フォームを通じて電子的に取り扱われる）の発行と処理を行うための一元化されたペーパーレスのシステムだ。エストニアの病院と薬局はどこもこのシステムに接続している。患者は薬局でIDカードを提示するだけでいい。薬剤師は患者の情報をシステムで検索して処方薬を出す。e-処方箋はエストニア健康保険基金のデータを使っているので、その患者が受けられる国の補助金に応じて薬代が割引になる。このシステムのもう1つのメリットは、薬を定期的に再処方してもらう場合にそのたびに医師のもとに足を運ぶ必要がないということだ。患者はメール、スカイプ、または電話で医師に連絡し、医師はマウスを数回クリックするだけで再処方箋を発行できる。これにより、医者も患者も時間を節約でき、事務作業の負担から解放される。エストニアとフィンランドは、両国のデータ交換レイヤーX-RoadとPalveluväyläの相互接続を行っており、2018年からフィンランド人はエストニアでe-処方箋サービスを受けられるようになった。将来的には、エストニア人も同様のサービスをフィンランドで受けられる予定だ。

プロジェクト推進者：
エストニア社会福祉省、エストニア健康保険基金
www.digilugu.ee

Since **2014**

道路行政の
e-サービス

道路行政局は、車両所有者とドライバーのための充実したe-サービスをワンストップで提供している。

　道路行政のe-サービスを提供する最大の狙いは、手続きを簡略化し、管理コストと利用者の負担を削減することにある。e-サービスを利用することで、手続きにかかる時間は1.5時間から15分に短縮される。また、費用は従来のサービスよりも20%安い。手続きを行うには、eIDでシステムにログインする。

　ワンス・オンリー（1回限り）の原則に基づいたオンライン・サービスを提供するために、e-サービスは20種類のデータベース——車両登録簿（車両とドライバーのデータベース）、住民登録簿、健康情報システム、犯罪歴データベース、自動車保険登録簿、EUCARIS（ヨーロッパ運転免許情報システム）、身分証明書データベース、TACHOnet（タコグラフ・ネットワーク）、公共交通機関登録簿、文書プリンター・文書デリバラー・6つのインターネット銀行の情報交換システムなど——にデータを要求する。

道路行政のe-サービス——TOP 5

車両の履歴確認——年320万回
車両登録の一時抹消——92%がオンライン
運転指導員の証明書発行——79%がオンライン
仮免許証の切り替え——77%がオンライン
免許証の切り替え——64%がオンライン

市民のメリット

1 費用の節約
——20%安くなる

2 時間の節約
——1.5時間が15分に短縮

道路行政局のメリット

1 手続きの自動化によるリソースの節約

2 関係諸機関の連携

3 透明性の向上

4 汚職の減少

プロジェクト推進者：
エストニア道路行政局
www.mnt.ee/eng
eteenindus.mnt.ee

- **28万7000人** の認証済みユーザー
- **162万2000件** の申請処理（2014〜2018年）
- **57%** の業務が e-サービス・ポータル経由で実行

車両所有者とドライバーに対する道路行政のe-サービス

車両に対する8つのサービス：
履歴確認、所有権の譲渡、利用者の変更、登録証明書の注文、ナンバープレートの再交付、車両許可、登録簿からの一時抹消、特殊車両の手続き、ナンバープレートが利用可能かどうかの確認と注文

ドライバーに対する10のサービス：
免許証の切り替え、仮または本免許証の申請、仮免許証の切り替え、免許証の種類追加、指導員資格証の申請、車検登録、タコグラフ（運行記録計）の申請、レクリエーション船舶の船長と水上オートバイ操縦者の資格申請と更新、発行済み書類の通覧

Since **2014**

e-レジデンシー

エストニアは、超国家的なe-レジデンシー（電子居住権）計画——エストニアに居住していない人に電子IDを発行し、文書のセキュアな認証と電子署名を行えるようにする計画——を他国に先駆けて開始した。この計画により、私たちは現在「国境なき国家」という理念に向けて大きく前進している。

すべてのe-レジデント（電子居住者）には、電子的な身分証明を提供し、文書への電子署名を可能にするスマートIDカードが与えられる。e-レジデントのIDカードとサービスは、エストニア国民のIDカードと同じく、2つのセキュリティ証明書——認証のための証明書と電子署名のための証明書——を含む最先端の技術的ソリューションに基づくものである。ただしe-レジデンシーは、市民権・永住権・エストニアやEUへの入国権を付与するわけではなく、税法上の居住地国を証明するものでもないことを留意しておかなければならない。なお、e-レジデントのスマートIDカードは、物理的な身分証や渡航証明書のような形ではなく、データの形で発行される。

エストニアでは、電子署名と電子認証は手書きの署名や対面での本人確認と同等の価値があると法的にみなされ、その価値は契約の当事者同士が世界のどこにいても変わらない。近年EUの法律が改正されたことで、エストニアのe-レジデントは数年以内にEU全域で身分証明やオンライン・サービスの利用、商取引が簡単にできるようになる予定だ。

エストニアのe-レジデントの第1号は、『エコノミスト』の上級編集者エドワード・ルーカスだった。他国の国民ID計画とは違って一定の安全性・利便性・プライバシーを提供できるこのe-レジデント・カードを、ルーカスは「エストニアン・エクスプレス」と呼んだ。短期間のうちに、外国の企業家、専門家、言論家数千人が、ルーカスに続いてエストニアのe-レジデントになった。日本の安倍晋三首相もその1人だ。

メリット

1. 公文書や契約文書でデジタル署名を使用できる
2. 署名入り文書の信頼性を証明できる
3. 文書を確実に暗号化し送信できる
4. 世界中のどこにいても、エストニア国内での会社の設立・運営を行える
5. e-バンキングで遠隔地に送金できる
6. さまざまなe-サービスを利用できる
7. オンラインで税金申告できる（ただし、e-レジデンシーは税法上の居住地国を証明するものではない）

▷ e-レジデンシーについては66ページも参照

プロジェクト推進者：
エストニア経済通信省
e-resident.gov.ee

e-レジデントになった日本の甘利明経済再生担当大臣（当時）。

＊エストニアでは、電子署名と電子認証は、手書きの署名や対面での本人確認と法的に同等の価値があるとみなされ、その価値は契約の当事者同士が世界のどこにいても変わりない。近年EUの法律が改正され、エストニアのe-レジデントは、数年以内にEU圏内での身分証明やオンライン・サービスの利用、商取引が簡単にできるようになる予定だ。

e-デモクラシー

BY クリスティナ・レインサル、イェリザヴェタ・クレンヨヴァ＝ツェピロヴァ、リーナ・ハンニ

　e-デモクラシーの本質は、テクノロジーを駆使して民主化のプロセスと民主主義的な制度を支え、より強化なものにしていくことだ。これにより、国民は政治的プロセスへのさらなる参加の機会を与えられる。e-ガバナンスの発展はe-デモクラシーを抜きに語ることはできない。

　これまで、エストニアの民主主義の発展は、急速な組織整備と市民社会の発展がやや遅いという点で、他のポスト共産主義諸国とほとんど変わらなかった。しかし、エストニアの技術発展は、他の大部分のポスト共産主義諸国よりも速かった（Reinsalu and Dobnikar、2012）。

　e-デモクラシーは、2005年からエストニアで始まったi-投票と結びつけて考えられることが多い。しかし、i-投票は投票の1つの手段にすぎず、参加型民主主義よりも代表民主主義に関係するものである。したがって、本来であれば、政府・国民間の協議と対話の機

民主主義の電子化＋政府の電子化＝e-ガバナンス

e-デモクラシー
e-市民参加
i-投票

e-政府
e-行政
e-サービス

会をつくることが目的のe-市民参加とは区別されなければならない。とはいえ、調査によって、インターネット投票は政治に無関心な層を引きつけ、社会や政治に関心を持たせる可能性があることが明らかになっている（Alvarez, Hall and Trechsel, 2009）。

　私たちはe-ガバナンスのバランスのとれた発展を促し、e-デモクラシーがe-行政やe-サービスとともにしかるべき注目を集めるよう働きかけている。

e-デモクラシーの領域

- e-市民参加
- G2C（政府から国民へのサービス提供）
- C2G（国民から政府へのサービス申請）
- C2C（国民間のやりとり）
- 草の根活動家とソーシャル・ネットワーキング
- 政治キャンペーン
- オンライン・メディア
- i-投票

エストニアのe-デモクラシーの経緯

1996 **タイガー・リープ財団**

タイガー・リープ財団は、新しいテクノロジーを活用し、国民のインターネット利用環境の改善とITリテラシーの習得において重要な役割を果たした。

2001 **Look@World財団**

Look@World財団は、インターネットとICTの利用の促進と普及を通じて教育・科学・文化を支援し、公共の利益に貢献している。また、タイガー・リープ財団とともに、エストニア国民のe-リテラシーの向上を後押しし、それは、エストニアの総合的な競争力を高めることにもつながった。

2001 **TOM**

「Today I Decide」（略称のTOMはエストニア人の名前にちなんでいる）という市民参加ポータルは、2001年6月にエストニア国家事務局が立ち上げたものだが、2008年6月にe-市民参加サイトosale.eeに吸収された。国民はこのポータルを通じて新法制定の提起や現行法修正の提案をすることで、法律制定や政策決定プロセスに直接的に関与できるようになった。TOMの導入により、エストニア共和国政府は、e-市民参加の分野における草分け的存在になった。だが、TOMに参加する社会活動家はあまり多くなく、実際のネット討論は別の非公式なフォーラムで行われていた。こうした現状を受けて、エストニアのTOMは、国際的なプロジェクトTID+（Today I Decide+）に生まれ変わった。このプロジェクトのおかげで、非営利目的であれば無料で使うことができるツールとその講習会がEU関係者のあいだに広まった。

2005 i-投票

インターネット投票、すなわち「i-投票」により、有権者はインターネットに接続されたコンピューターを通じて、世界のどこにいてもオンラインで投票できる。i-投票は選挙の

アクセシビリティを改善するための追加的な投票方法として使われている。i-投票についての詳細は22ページを参照。

2007 www.osale.ee

osale.ee（osale はエストニア語で「参加する」の意味）は、国家事務局が2007年に立ち上げた市民参加ポータル。osale.ee は TOM の機能に加え、公共の協議をオンラインで行うためのプラットフォームを各省庁に向けて提供してきた。協議事項に関する各種文書は意見を求めるために公開され、利用者はプラットフォームを通じてコメントできる。2011年に法律草案のための情報システム（EIS）が導

入されると、早くも協議の段階で、コメント用に文書を入手できるようになった。しかし、国民が草案文書にコメントすることはあまりなく、政府に別案を提案する機能の方がよく使われている。政府はポータルを通じて提出されたすべての案に対し、1ヵ月以内に回答する義務がある。2018年には合計21の提案書がエストニア政府に提出された。

2010 www.petitsioon.ee

エストニアの住宅所有者のロビー団体である NGO「オーナーズ中央連盟」は、インターネット上で署名活動を行うための魅力的な参加型プラットフォームを開発した。利用料（現在30ユーロ）さえ支払えば、署名活動を始められる。署名の真正性は、メールアドレスやフェイスブックのプロフィールによる身元確認だけでなく、電子 ID カードによっても確かめられる。プラットフォームの開発・運営を行うこの連盟は、請願書をオフィシャルなものにする（関係機関に提出するなど）責任を

負っていないので、このツールが実際にどの程度の影響力をもっているのかを評価するのは難しい。それでも、請願書への署名数に明らかな影響を及ぼしたケースも少なくない。たとえば、2012年に実施された「Harta 12」は具体的な成果に結びついた。この署名活動では、過去最高の18210人の署名が集まり、次ページで簡潔に説明する「Rahvakogu」（国民会議）を始めるための原動力になった。

2011 地方自治体向けのe-ガバナンスのツール

VOLIS は、地方自治体がオンラインで会議を行えるようにするための情報システムだ。VOLIS は、さまざまなユーザーとその役割（議会・政府・自治体・公務員など）について概観を作成し、地方行政の手続き上のルールにしたがって、それらをリンクさせる。また、デジタル認証を使った政策決定はもちろんのこと、オンラインで会議に参加した議員が、

投票や演説を含むすべての権利を行使することもできる。なお、会議の概要はただちに公開される。**KOVTP** は、情報の具体的なレイアウトと多くのアプリケーションとのインターフェースで、地方自治体向けのウェブサイト・ソリューションを提供しているサービス・ポータルだ。VOLIS も KOVTP も、ID カードを使った市民投票向けの独自の機能（モジ

ュール）を持ち、参加型予算編成の手続きで利用され（Krenjova, Raudla, 2017）、2018年春の時点で20以上の地方自治体に広まっている。VOLISの機能は市民の目線に立ったもので

あり、企画書や草案の修正案の提出、リアルタイムの意見発信といった形で市民の政治参加を可能にした。

2012 Rahvakogu

Rahvakogu（国民会議）は、エストニアの民主主義制度のさらなる発展のため、エストニア大統領といくつかの活動的なNGOによって結成された。これは、伝統的な直接討論の形式に現代的なコミュニケーション・ツールを取り入れたものだ。国民会議の立ち上げから3

週間ですでに、国民から2000近い提案がウェブサイトに集まり、上位15の意見が議会に提出され、そのうちの7つの提案が最終的に法律として採択され、3つはそのままの形で施行、4つが修正または他の法律と統合されて施行された (Toots, 2015; Navarro and Font, 2013)。

2013 PB（参加型予算編成）

PB（参加型予算編成）は、公的資金を管理し、地方自治体の諸問題の討議に市民を参加させるための画期的な方法である。エストニアのタルトゥ市は、市民に対して予算編成プロセスを開示した最初の都市だが、ここでは、eGA（e-Governance Academy）が策定した計画にしたがってPBが試験的に導入された（Krenjova, Reinsalu 2013）。PBによる電子参加は、当初からすべての市民にその門戸が開かれ、e-デモクラシーの発展に貢献する機会を提供した。そのため、タルトゥ市民は、翌年の年間投資予算の1%の使い道を自分たちで決められるようになった。市民のアイデアは、オンライン上の書き込み、手紙、メールといった手段でタルトゥ市の広報室に寄せら

れた。市はそのアイデアを厳選し、住民投票にかけ、最も支持を集めたものに財政援助を行った。タルトゥ市で始まったこの方法は、数年後にはエストニア中に広まり、2018年春現在、20以上の地方自治体で住民によるイニシアチブ（発案）が行われている。エストニアでPBが普及したのは、地方自治体が既存のe-ツールをPB計画におけるオンライン投票に応用し、実施コストを削減できたからだった。またeGAは、エストニアにPBの概念を導入することを提唱し、そのために専門知識を活用してきたことからも、政策実現に大きく貢献した功労者だといえるだろう（krenjova, Raudla, forth-coming）。

2016 www.rahvaalgatus.ee

パブリック・イニシアティブに関する法案と、e-プラットフォームであるwww.rahvaalgatus.eeは、2012年開催の国民会議の過程で生まれた。この国民参加プラットフォームにより、国民は、パブリック・イニシア

ティブ（少なくとも1000人のデジタル署名が必要）をまとめてエストニア国会に提出し、さらにその提案が法律として成立するかどうかを監視できる。

オープン・ガバメント・パートナーシップ

オープン・ガバメント・パートナーシップ（OGP）は各国政府に対して、よりオープンな姿勢と説明責任、迅速な対応を求める国際的な取り組みである。世界中の人々が、より透明で、効率的で、責任のある政府を望んでおり、一般市民の権利を重んじ、要望に迅速に対応できる行政機関が必要とされている。

OGPは2011年9月に発足した。この際、ブラジル、インドネシア、フィリピン、メキシコ、ノルウェー、南アフリカ、イギリス、アメリカの8ヵ国の政府が、オープン・ガバメント宣言を正式に採択し、国家行動計画を発表した。エストニアがOGPに加盟したのは2012年で、それ以来、OGPの加盟国は64ヵ国に増え、世界の人口の約3分の1をカバーするまでに拡大した。

エストニア共和国政府は、オープンで市民の権利を重んじる社会──国民の声がよく届き、市民の意見が政治プロセスに反映されやすい社会──の実現に取り組んでいる。エストニアの国家行動計画は、公共サービス（e-サービス）の充実、国家の情報資産（データ）へのアクセスの改善、市民の政策決定プロセスへの参加、汚職と利益相反行為の防止といった領域にまで及んでいる。

2014年春、eGAは「地方自治体のオープン・ガバメント・パートナーシップ」というプロジェクトを開始した。このプロジェクトにより、地方レベルのe-デモクラシーが進むと同時に、エストニアの地方自治体が意識と能力を高めたことにより、自治体がオープンで透明性の高い参加型ガバナンスの実施を支援するようになった。eGAは、地方自治体がオープン・ガバナンスと関係がある具体的な活動を行動計画に盛り込み、経験と成功事例を共有するための共同プラットフォームをつくりだすことが必要であると考えている。その目的のために、地方自治体のネットワークが形成され、利用が開始された。このネットワークは、地方の市民組織と緊密に連携し、地方自治体のための開かれた政府の基本方針を確立し、具体的な行動計画を考案する。

2017年には、eGAはいくつかの合併予定の地方自治体と提携し、地方行政改革に合わせてオープン・ガバナンスの原則を実行に移した。

コラボレーションを始めよう

eGAは、地方行政の透明性の向上、説明責任の確保、市民の政治参加の促進を目指している行政機関や市民団体に対して、助言や研修、コンサルティングを行なっている。

e-デモクラシーに関する研修とコンサルティングの重点分野

・社会の民主化におけるICTの役割
・e-エンゲージメントとe-市民参加のためのモデル、メソッド、ツール
・e-市民参加プラットフォームに関するエストニアの経験
・透明性と信頼性の高いe-サービスの開発
・i-投票およびオンライン投票の優れた実践例

問い合わせ先@ kristina.reinsalu@ega.ee

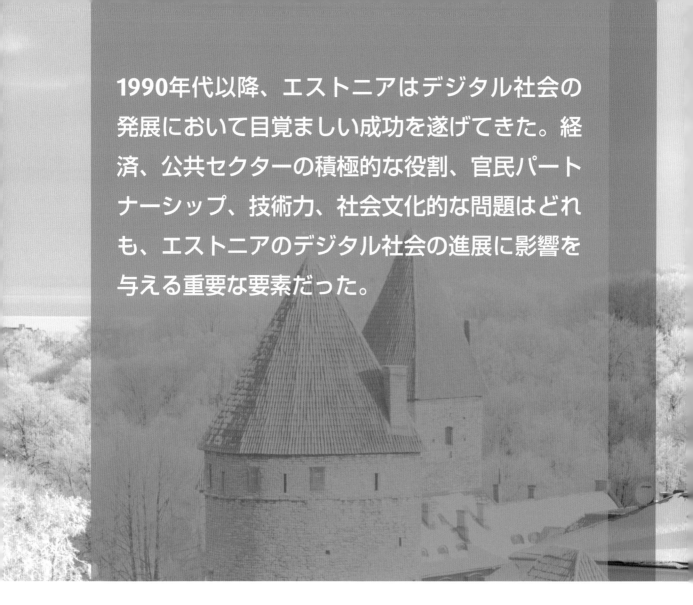

1990年代以降、エストニアはデジタル社会の発展において目覚ましい成功を遂げてきた。経済、公共セクターの積極的な役割、官民パートナーシップ、技術力、社会文化的な問題はどれも、エストニアのデジタル社会の進展に影響を与える重要な要素だった。

エストニアにおける
デジタル社会の協調

「エストニアは非常に小さい国だからこそ、e-政府が急速に発展したのではないか」という意見を耳にすることが多い。たしかに、e-政府の組織的な導入について考えると、小国の方が、さまざまな利害関係者の間でコミュニケーションが取りやすく、政府の構造もシンプルである場合が多い。しかし、e-政治システムは国の大小に関係なく複雑だ。サービスの数もほぼ同じで、ガバナンスの役割も似ている。違いがあるとすれば、小国のインフラは一般的に中央集権的でデータベースの規模が小さいということぐらいだろう。したがって、e-政府の組織的な問題について議論することや、国のe-行政機関の成功事例についてより詳細に研究することは常に必要とされている。

デジタル社会の計画立案と協調

BY アルヴォ・オット

　現代のテクノロジーは、国民・企業・国家のあいだのコミュニケーションの円滑化に大きく貢献している。エストニアの国家レベルのIT設計者は、しばしば冗談交じりに、公共セクターは「小さい国にしよう」(Let us have less state)の原則に基づいて活動を行うべきだ、と言う。確かに、デジタル社会の発展により、国民が国の機関へ足を運ぶことはほとんどなくなった。

　しかし、日々の行政におけるe-ガバナンス化の動きは、広範囲におよぶ組織的・行政的な変化を要求する。こうした変化がなくては、デジタル化により期待されるメリットは空想でしかなくなってしまう。エストニアのデジタル社会の形成は、挑戦に次ぐ挑戦だった。エストニアは、eGAを通して、その挑戦から得られた教訓を世界と共有している。

エストニアの情報政策

e-政府の計画立案と実行の最初の5〜10年間でエストニアが取り組んだことは、大まかに言うと、「政策主導型の開発」ではなく、「開発主導型の政策」と呼ばれるものである。e-政府の政策と戦略の多くは、私たちがそれらを技術的に実行に移してからようやく策定された。

タリンe-ガバナンス会議におけるエストニアCIO（最高情報責任者）のシーム・シクット氏。

e-政府の基本政策は、エストニアの情報政策の原則が国会で採択された1998年になってようやく手をつけられた。これらの原則はまた、「エストニア情報社会戦略2013」の準備段階である2006年に見直しと更新が行われた。

以下のように、大部分の原則は今日においても意義がある。

- エストニアのデジタル社会の発展は、国家の競争力を強化し、国民のウェルビーイング全般を向上させるための戦略的選択である。
- 公共セクターは率先して、デジタル社会発展のための理念を追求する。
- 基本的自由と権利、個人データ、アイデンティティの保護は保証される。個人は個人データの所有者であり、自身の個人データの使い道を自ら決められる。
- 「国民、企業家、公共団体のデータ提供は1回だけでなければならない」という原則を保障するために、公共セクターはその手続きを整理する。
- デジタル社会の発展は、官民や第3（非営利）セクターだけでなく、ICTソリューションの利用者を含む他のすべての団体の協力によって実現する。
- デジタル社会の発展により、エストニアの言語と文化の継続性が保証される。
- デジタル社会はエストニアの全住民のために生みだされる。特に、特別な支援を必要とする社会集団の統合、地方創生、地域の取り組みの強化に対しては特別な注意を払う。インターネットは誰もがアクセス可能であるべきである。

私たちは、e-政府の方針・計画立案の論点、組織管理体制、法規制、ICT実施の予算編成、e-政府の相互運用アーキテクチャの基本コンセプトに重点を置くことで、政府指導者のe-政府全般にわたる意識とスキルの向上を支援している。
問い合わせ先@arvo.ott@ega.ee

e-ガバナンスの土台

相互運用のためのインフラと基盤要素

サイバーセキュリティ・マネジメント

法律

e-デモクラシー

e-ガバナンスにおける組織とその役割

教育プログラム

- インターネット・ネットワーク
- 電子身分証
- セキュアなデータ交換――X-Road
- 相互運用ソリューションカタログ
- アドレス・システム
- ベースレジストリ
- サービス・ポータル
- オープン・データ・インフラ
- 空間データ・インフラ
- ITセキュリティ・システム
- 政府クラウド
- ブロックチェーン

e-エストニアの大原則

2001年以降、経済通信省は情報政策と支援法の原則を策定し、関連国家機関を監督してきた。1993年から2001年までは、同様の役割を果たしてきたのは国家事務局だった。

e-政府を発展させていく役目は、主に関連省庁が担っている。すべての政府部局・省庁・企業は、e-ガバナンスの原則に基づき、独自のテクノロジーを採用することができる、

- 集中型の政策策定と分散型の政策執行
- 透明性が高く、効率的な公共セクター
- 技術プラットフォームの中立性
- 国民志向、顧客志向
- 個人データ保護の機能的モデル
- デジタル・ディバイド（情報格差）対策

私たちeGAのメンバーは、e-行政とe-デモクラシーの発展における地域政府の役割の重要性を認識している。地方・地域政府は、どの国の国民にとっても最も身近な行政機関であり、公共サービスの大部分を提供している。そのため、地方・地域政府は、e-行政とe-デモクラシーの発展に積極的に関与することができる。
問い合わせ先@hannes.astok@ega.ee

サイバーセキュリティ・マネジメント

BY ラウル・リック

サイバー攻撃対策はもちろんのこと、何よりもセキュアな電子システムとデジタル社会の設計方法に関して、エストニアは世界的に評価されてきた。

e-エストニア：インターネット用のセキュアなモデル

「サイバーセキュリティ」という言葉は、デジタル情報の保護、電子化された個人データの保護、コンピューター・セキュリティ、ネットワーク・セキュリティ、e-サービス・セキュリティ、ICTセキュリティ、サイバーセーフティなどの総称として使われている。

サイバーセキュリティはエストニアにおける最も重要なトピックの1つだ。エストニアは1990年代からデジタル社会を発展させ、ICTインフラと電子サービスに大きく依存するようになった。そのためエストニアは、電子ソリューションは社会の弱点ではなく、むしろ現代の社会発展を支えるセキュアな基盤であることを証明してきた。こうした状況を見るかぎり、サイバーセキュリティは社会のデジタル化を抑制するブレーキではなく、急速なデジタル革新を可能にするイネーブラーであるといえよう。

サイバーセキュリティは急速なデジタル革新のイネーブラーである。

セキュアな電子システムを設計するエストニアの取り組みは、インターネット用のセキュアなモデルの開発につながった。このモデルのおかげで、国民の秘密性とプライバシーを守りながらも、官民セクターと国民が共通のデータ交換環境で安全にコミュニケーションを取れるようになった。現在、エストニア国民は世界中のどこからでも何千ものe-サービスへ安全にアクセスできる。

X-Roadはサイバースペースにおけるエストニアの「領地」であり、eIDはその仮想領地へ入るための「パスポート」である。

　電子サービスで使われているeID（国民電子識別システム）とX-Road（セキュアなデータ交換環境）は、最高水準の国家サイバーセキュリティを保証するためには欠かせない要素である。eIDと相互運用ネットワークであるX-Roadの導入のおかげで、エストニアはサイバー環境における根本的なセキュリティ問題を解決してきた。X-Roadはサイバースペースにおけるエストニアの正式な領地であり、eIDはその仮想領域へ入るためのパスポートといえよう。

エストニアのサイバーセキュリティ構想は、2007年に発生したサイバー攻撃によって実力を問われた。

　エストニアのサイバーセキュリティ構想とすでに導入済みのテクノロジーは、2007年に現実世界において試されることとなった。ICTインフラは大規模なサイバー攻撃を受け、インターネット・プロバイダーだけでなく、政府のウェブサイトと電子メール・システム、オンライン・バンキングなどの電子サービスも標的となった。だが、世界中が目撃したのは、深刻な被害を出さずに存続しているエストニアの姿だった。このサイバー攻撃は、エストニアのサイバースペースが堅牢性と信頼性に優れていることを証明した。

国家サイバーセキュリティ・フレームワーク

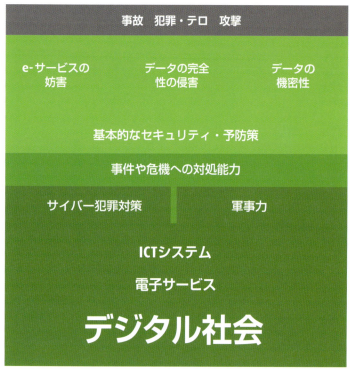

国家サイバーセキュリティ・フレームワークは、国家レベルのサイバーセキュリティの構築を容易にする。

このフレームワークは、国家レベルでサイバーセキュリティ領域をいかに構築するか、役割と責任をいかに分担するかを理解する助けになる。

情報社会の根本的なサイバー脅威とは、**(1)** e-サービスの妨害、**(2)** データの改ざん、**(3)** データの機密性の侵害である。

1. **e-サービスの妨害**とは、情報サービスが必要なときに利用できなくなる状況を指す。エストニアに対する大規模なサイバー攻撃（2007年）など。

2. **データの改ざん**または**データの完全性の侵害**とは、データが不正に変更されることを指す。イランの核施設に対する「スタックスネット」作戦（2010年）など。

3. **データの機密性の侵害**とは、権限のない者がデータを入手できることである。ウィキリークス（2010年）、エドワード・スノーデンによる暴露（2013年）など。

これらの脅威の背後にある要因はそれぞれ異なる。単純な事故や技術的な故障もあれば、犯罪者やテロリストによる組織的な事件の可能性もある。さらに、国家がサイバー攻撃能力を特殊作戦または軍事作戦の一部として使うこともありうる。

これらの脅威は、現実に起これば、国家の情報通信システムの正常機能や、ICTシステムを通して電子サービス（重要なe-サービスを含む）に直接的な影響を及ぼすだろう。その結果、デジタル社会は適切に機能しなくなり、国のガバナンス能力、経済、国民の生活が損なわれることになる。

政府にはサイバーセキュリティ基準とサイバー犯罪に対処する能力が必要である

こうしたサイバー脅威に対処するために、国家は基本的なセキュリティを維持するための法律と組織、事件や危機への対処能力、サイバー犯罪対策の新たな措置・ツール・技能、そして軍事力を持たなければならない。

サイバーセキュリティの根幹

インターネット用のセキュアなモデル

X-Roadはインターネットのセキュアなレイヤーであり、サイバースペースにおけるエストニアの「保護領地」だ。複数のデータベースに接続しているエストニアのe-ソリューションは、例外なくX-Roadを使っている。すべての発信データはデジタル署名を付されて暗号化される。すべての受信データは認証されてログファイルに記録される。

eIDはサイバースペースにおけるエストニアの「領地」へ入るためのパスポートであり、セキュアなe-サービスを利用するためのアクセス・カードである。エストニア国民は公的なIDカード、モバイルID、スマートフォンやタブレットのスマートIDアプリを持っている。eIDはオンライン環境での身分証明に必要で、デジタル署名に世界規模の法的拘束力を与える。エストニアでは、人口の67%がeIDを日常的に使っている。

国民の 67% がeIDを日常的に使用 これまでに個人情報の盗難はない

国家サイバーセキュリティ指数

国家サイバーセキュリティ指数（NCSI）は、根本的なサイバー脅威に対する国家の予防態勢と、サイバー事件・サイバー犯罪・大規模なサイバー危機に対する国家の即応能力を評価する世界規模の指数である。

NCSIは、公共e-サービス・情報通信システム・デジタル社会全般を守るために欠かせない戦略的な取り組みを表している。そのためNCSIは、国家サイバーセキュリティ能力を強化するツールとして使うことができる。

ncsi.ega.ee

NATOサイバー防衛センター

エストニア・タリン市のNATOサイバー防衛センターは、教育・研究開発・教訓・協議により、NATOとその加盟国およびパートナー国のあいだのサイバー防衛の能力・連携・情報共有を高める目的で設立された国際的な軍事組織である。

www.ccdcoe.org

NSCIは2016年に始まった。

エストニアのサイバーセキュリティ・マネジメント

　エストニアでは、経済通信省、内務省、国防省の3者が、最重要なサイバーセキュリティの任務・責任を分担している。

　経済通信省は、情報社会の発展と基本的なサイバーセキュリティを担当している。国家サイバーセキュリティ政策調整官は経済通信省の指示の下に行動する。

　経済通信省が管轄する情報システム局は、相互運用技術とサイバー保護の実装を担当している。CERT（国家コンピューター緊急対応チーム）は、CIIP（重要情報インフラ保護部隊）とともに、情報システム局内に存在する。詳しくは「機関と組織」（100-111ページ）を参照。

　サイバー犯罪を担当する内務省は、さまざまな部隊をデジタル科学捜査とサイバー犯罪対策に関与させている。さらに、内務省は警察と国家情報システムのための独自のICT局を持っており、サイバー危機を含む危機管理に対しても責任がある。

　国軍を統制する国防省は、2018年にエストニア国防軍の下にサイバー司令部を設置した。サイバー司令部は軍事サイバー作戦の監督を行っている。さらに、国防省の下には、有志の軍事組織である防衛同盟（ボランティアのサイバーセキュリティ専門家の本部）が存在する。エストニアでは、サイバーボランティアはサイバー防衛部隊として組織され、

大規模なサイバー攻撃の際に支援活動を行う。また、エストニアはNATOサイバー防衛センター（サイバーセキュリティのシンクタンク兼訓練センター）の創設国であり、その本部が置かれる国である。エストニアのサイバーセキュリティの調整は、サイバーセキュリティ評議会が担当している。サイバーセキュリティ評議会は、政府の安全保障委員会の下に置かれ、サイバーセキュリティ政策問題を扱っている。さまざまな国家機関・企業体・学術組織・サイバーセキュリティ専門集団の代表者たちが、この評議会に参加している。

コラボレーションを始めよう

eGAは、時代に沿った政策の策定と革新的なテクノロジーの導入を支援している。

　eGAは、世界中の成功事例に基づき、サイバーセキュリティ開発のためのさまざまなサービスを提供している。その中心となるのは、国家サイバーセキュリティに関連した組織的、法的、技術的な方策である。eGAは、サイバーセキュリティ知識の向上、政策や法律の策定、組織と個人の能力強化、セキュリティ技術の導入を行うことで、政府や特定セクターを支援している。

eGAは、政府・省庁・団体のために次のようなサービスを提供している。

- サイバーセキュリティ政策と戦略
- サイバーセキュリティ法案、規制、ガイドライン
- サイバーセキュリティ規格と基本セキュリティ・フレームワーク
- 組織的フレームワークと能力開発
- CERTとCIRTの能力開発
- 重要情報インフラの能力開発
- サイバーセキュリティのための危機管理システム
- 電子身分証明計画の実施
- 電子署名システムの実施
- 研修カリキュラムの作成
- サイバーセキュリティ訓練と演習
- 啓発活動

問い合わせ先@info@ega.ee

「エストニアのe-ガバナンスは、世界有数の先進システムだ」

フリーダム・ハウス（2018年）

相互運用を可能にするもの

イントロダクション

BY サンドラ・ロースナ

自由と民主主義を監視する国際NGO団体「フリーダム・ハウス」の報告書『ネットの自由2018』では、ネットワーク化が著しく進んだ国としてエストニアを挙げている。「エストニアは、インターネット・アクセスについては世界屈指のレベルを常に維持しており、同国のインターネット利用者はほとんど何の障害もなくインターネットにアクセスできる」（Freedom House 2018）

高いインターネット普及率を誇り、広範なe-政府サービスを提供し、e-コマースが個人や組織の日常生活に浸透しているエストニアは、社会を発展させる原動力として無料インターネット・アクセスをみごとに活用している。エストニアでは、インターネット・アクセスは1つの人権と考えられているほどだ。WiFiインターネット接続が利用できる公共の場は何千とあり、デジタル携帯電話ネットワーク（4Gモバイル・ブロードバンド）がエストニアのほぼ全域をカバーしている。高機能モバイル機器を4Gに接続した場合のダウンロード速度は、最大100Mbpsにおよぶ。2018年にはフィンランドとともに、ヨーロッパ諸国で初めて5Gモバイル・インターネットを試験的に導入した国となった。WiFiが利用できるエリアは絶えず拡大を続け、エストニア全域を網羅しつつある。

エストニアでは1992年、タリンとタルトゥの学術施設で初めてインターネットが導入された。その後、フィンランドやスウェーデンの通信会社の参入に伴い、国が独占していた通信事業を民営化し、光ファイバーによる基幹ネットワークを敷設して、現代的な固定・モバイル通信サービスを提供するに至っている。

政府はそれからも民間団体や学術団体との連携を続け、1996年にはタイガー・リープ計画をスタートさせた。これは、2000年までにエストニアのすべての学校にコンピューターとインターネット接続環境を設置する取り組

100%
インターネット接続環境を
備えた学校

90%
インターネットを日常的に利用している
16〜74歳の国民

87%
行政のe-サービスを利用したことのある
インターネット利用者

88%
インターネット接続環境
を備えた家庭

Statistics Estonia 2018; Mägi 2003

このグラフは、エストニア国民の年齢層ごとのインターネット利用者の割合と、2005年から2017年にかけてその割合がどう変化したかを示している（Republic of Estonia 100. Statistical Album）。

みである。このプログラムにより、エストニア国民の全体的な技術力や、情報通信技術の重要性に対する認識が向上した。

さらに、情報技術の発展を受け、インターネットの利用率が急激に上昇した。現在ではすでに、16〜24歳の国民の99％以上がインターネットを利用しており、高齢者の利用者数も増加の一途をたどっている。

現在エストニアの公立学校では、かなり早い時期からコンピューター教育を行っている。若者は一般的に、高齢者よりもインターネットへの関心が高い。当初は、65〜74歳のインターネット利用者の割合は低かった（そのころにはすでにIT機器が普及し、エストニアのほとんどの地域でインターネットが利用できたにもかかわらず）。だが時間がたつにつれ、高齢者も積極的にインターネットを利用するようになりつつある。サービスコストが低下するとともに、e-サービスの利便性が一般に広まったからだ。

2009年からは年金の支払いが完全に電子化され、受給者の銀行口座に直接振り込まれるようになった。それが、インターネット・バンキングを利用する高齢者の増加につながったのかもしれない。家族のサポートも重要な役割を担っている。高齢者はたいてい、若い世代の家族や親類からコンピューターやインターネットの利用方法を教えてもらうからだ。

2020年までには、エストニアの全住民が高速インターネット（30Mbps以上）にアクセスし、60パーセント以上の家庭が超高速インターネット（100Mbps以上）を日常的に利用するようになるだろう（Digital Agenda 2020）。

ブロードバンド・ネットワーク

BY オラヴ・ハルヨ

次世代ブロードバンド・ネットワーク（NGN）は、以下３つの地理的なネットワークにより構成される。

- 全国基幹ネットワーク
- 地域基幹ネットワーク（ミドルマイル、バックホール）
- アクセス・ネットワーク（ラストマイル）

全国基幹ネットワーク

　都市などの人口密集地域に広がる地域基幹ネットワークをつなぐ。全国に広がるこの基幹ネットワークにより、異なる場所、異なる通信者の間で大量の情報を伝送・交換することが可能になる。

地域基幹ネットワーク

　局地的なデータ通信を集約する複数のアクセス・ネットワークをつなぎ、アクセス・ネットワークと全国基幹ネットワークとを結びつける。また、ある地域内のネットワーク機器を相互に接続し、それらの間のデータ通信を可能にする。

アクセス・ネットワーク

　消費者に最も近いネットワークで、消費者の機器を、そこからいちばん近い地域基幹ネットワークの接続ポイントまでつなぐ。エストニアには有線ネットワークと無線ネットワークがある。

有線ネットワーク

○ 過去数十年の間にさまざまなテクノロジー（xDSL、ベクタリング、GFastなど）が次々に開発され、銅線を通じて伝送できる高品質データの量が増えた。その結果、銅ケーブルの伝送能力は何倍も向上した。しかし残念ながら、この開発はもはや物理的な限界の域にまで達しており、銅線の長距離伝送能力のこれ以上の向上は望めそうもない。

○ インターネットの普及により、ケーブルTVネットワーク（同軸ケーブル）によりデータを伝送するDocsisなどのテクノロジーも生まれた。このテクノロジーにより、ケーブルTVネットワークを持つ地域の間で、既存の電話会社の争奪戦が発生した。同軸ケーブルは銅ケーブルよりも伝送能力が高いが、ケーブルTVネットワークはいわば消費者間で共有されたネットワークである。そのため現代のケーブルTVネットワークは、建物内のネットワークで主に同軸ケーブルが使用され、建物外のネットワークはすべて光ファイバーケーブルに置き換えられている。同軸ケーブルによるデータ伝送テクノロジー（Docsis 3.1）は急速な発展を見せ、ケーブルTV会社は現在、優良なブロードバンド接続を消費者に提供している。

○ 光ファイバーケーブルを基盤とするアクセス・ネットワークは、ほかのケーブルを超える伝送能力とデータ品質を誇る。光ファイバーの伝送能力はとどまるところを知らない。レーザーテクノロジーは発展を続け、光が伝送できる情報量は増加の一途をたどっている。光ファイバーを基盤とするアクセス・ネットワークにはさまざまな種類があり、総称してFTTX（fibre to the x）という。基幹ネットワークの接続機器と消費者を直接つなぐポイントツーポイント（p2p）ネットワークは、最も効率がいい。パッシブ光ネットワーク（PON）は、集約ノードで資源（物理的なスペースやケーブル数など）を節約できるという利点がある。

無線ネットワーク

無線によるアクセス・ネットワークの主な目的は、消費者のモバイル機器をインターネットにつなぐことにある。また、自然的要因や経済的要因などにより有線ネットワークのインフラを敷設できない場合に、建物内または建物間をつなぐ目的で無線テクノロジーが利用されるケースもある。無線アクセス・ネットワークの最大の利点は、安価に敷設できることだ。このネットワークにはさまざまなテクノロジーが利用されている。一部のテクノロジー（Wimax、WiFi、CDMAなど）はポイントツーマルチポイント接続が可能で、アンテナ塔を持つ基地局が1つあれば、同時に複数の利用者が使用できる。その一方で、ポイントツーポイント接続が可能なテクノロジーもある（無線リンクなど）。ただし無線リンクは、相手が直接見えるところにいなければならず、森や山の中での使用には問題がある。

無線によるモバイルアクセスやモバイルネットワークもまた、消費者の携帯機器（携帯電話やタブレットなど）をインターネットにつなぐことを主たる目的としている。モバイルネットワーク・テクノロジーは絶えず発展し、その接続技術は向上を続けている。最近では、新たなモバイル通信が頻繁に世代を更新している（NMT、2G、3G、4G、5Gなど）。電波は、モバイルネットワークにおけるデータ通信を保証してはいるが、無線通信に適した電波の周波数は限られているうえ、互いに干渉しあう場合もある。そのため、モバイル通信に利用できる電波の周波数については国際的な取り決めがある。

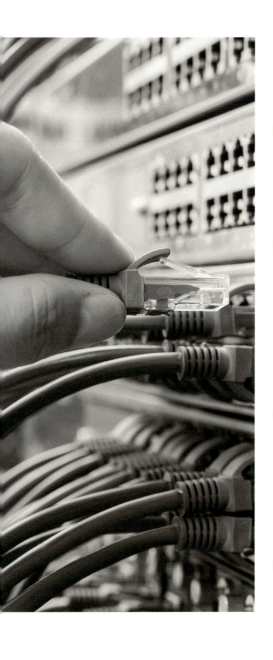

新世代ブロードバンドに関する官民連携（PPP）プロジェクトは、以下のような段階を踏んで行われる。

目標の設定

地方自治体や地域のブロードバンド受信可能エリアの具体的な目標を定める。ブロードバンド・インフラ、市場、サービス、競争などの現状を把握し、需要や市場の変化、テクノロジーの発展を予測する。

モデルの創出

望まれる市場介入の規模、負うべきリスクを明確に把握したうえでモデルをつくる。そうすれば、介入の形やレベルも判断できる。たとえば、卸売市場（インフラや接続）に介入するのか小売市場（サービス）に介入するのか、プロジェクトの規模はどうするか（全国規模か特定の地域のみか、ネットワーク全体か基幹ネットワークやアクセス・ネットワークだけか）、といった判断である。

事業計画と資金調達

プロジェクトの基礎となる長期的な事業計画を立てる。公的なブロードバンド・プロジェクトの目的は利益を上げることではないかもしれないが、事業計画は資金調達やプロジェクト運営の基盤となる。資金の調達では、ネットワーク利用者の手数料、助成金、長期ローンなどの手段を組み合わせる。

行動計画と実行

行動計画には、詳細なネットワーク計画、建設、マーケティング活動を含める。プロジェクトの監視、結果のモニタリング、変更する場合の手続きについては、事前に合意を得ておく。

コラボレーションを始めよう

　国の指導者の多くは、すべての国民や企業にブロードバンドを提供するには、公共セクターの介入が不可欠であることを認識している。だが、過去の教訓が示しているように、政府が過度に介入すれば、全体的な発展を阻害することにもなりかねない。民間セクターのモチベーションを低下させてしまうからだ。

　公共セクターは、ブロードバンド開発の卓越した全体像を示し、民間セクターの計画を促す必要がある。一般的に、公共セクターの介入政策は、競争を活性化するものであるべきだ。つまり、急いで結果を出そうとするあまり自由市場の原則を犠牲にするような状況は避けなければならない。公共セクターの市場介入は、少なければ少ないほどいい。必要な場合にのみ、最小限のことだけを行うようにするべきである。

　現在の情報通信技術の規則は、開発は主に市場主導で進められ、必要な合意（相互接続、アクセス、インフラ共有など）はすべて市場参加者間の合意を通じて行われる、という理解に基づいている。しかし、それをうまく機能させるためには、必要な場合に介入できる権限を持つ規制機関が必要になる。また、EU加盟国など多くの国の法律では、国内のあらゆる場所で基本的なサービスを妥当な条件で利用できるようにする全国均質サービス義務が規定されている。

　エストニアでは、行政機関や立法機関、大小の事業者、地方自治体の間で何度も議論を行ってきた。どの当事者にもそれぞれの利害があり、意見は異なる。そのため、ブロードバンド開発の官民連携プロジェクトを実現するには、対立点を減らし、協力できる機会を探す必要がある。eGAのような独立した組織にブロードバンド開発計画をまとめてもらうのも一案だ。計画では、現地の事情を考慮するとともに、ブロードバンド開発、適切なモデル、資金調達手段、さまざまな支援策に必要な環境を整える提案も盛り込むべきだろう。

電子ID

BY カリナ・エギプト、マリ・ペダク、サンドラ・ロースナ、マルグス・アルム

エストニアには、電子本人確認、電子認証、電子署名の包括的なシステムがある。身分証明書には以下がある。

- IDカード
- 対外IDカード
- 居住許可カード
- e-レジデンシー・カード
- デジID
- モバイルID
- スマートID
- e-シール

エストニアでは人口の

67%

が電子ID（eID）を利用している
2002年の導入以来、
データの漏洩や盗難は
一切ない

増加する電子署名件数

4年間
2億8000万件以上
2013-2017

10年間
1億件
2002-2012

1億1000万件以上
2018
1年間

1人1月あたりのeID利用数
IDカードを利用した取引＝26件
モバイルIDを利用した取引＝30件
（SK ID Solutions, 2018）

エストニアでの動向

- 電子取引のための電子本人確認およびトラストサービスは、「電子取引のための電子本人確認およびトラストサービス法」により規定されるとともに、EUのeIDAS規則（No.910/2014）が直接適用される。eIDAS規則は、トラストサービス提供者がEU域内市場を形成し、国境を越えて同じ法的地位で事業を行えるよう保証している。EU全加盟国における電子本人確認および電子署名受け入れの統一を図るため、各規定はEU全加盟国に直接適用される。

- 電子署名をする際には、政府が認可したオープンソースのソフトウェアDigiDocとともに、IDカードを有効な形で使用する。このソフトウェアは、エストニア情報システム局が開発・管理している。

- 政府発行のeIDで作成した電子署名は、手書きの署名と同じ法的拘束力を持つ。2018年11月8日以降にスマートIDで作成された電子署名もまた、手書きの署名と同じ法的拘束力を持つ。

個人識別コード

2018年4月現在、電子文書に記録されたエストニア居住者の電子IDを証明するものとしては、プラスチックカード（IDカード、デジID、e-レジデンシー・カード、居住許可カード）および携帯電話のSIMカード（モバイルID）がある。

エストニアでは個人の身元は、一人ひとりに割り振られた永久不変のIDコードにより管理されている。これは個人識別コード（PIC）と呼ばれ、1992年に導入された。PICの生成は、エストニアの規格EVS 585:2007「個人コード──構造」、住民登録法、およびPIC生成に関する規則に従って行われる。住民登録法によれば、PICはその人の姓や生年月日に基づく独自の数の組み合わせであり、それにより特定の個人の本人確認が可能になる。PICは、機密性の高い個人情報とは考えられておらず、特定の個人の本人確認に必要な公の情報とされる。2019年1月1日には住民登録法の改定版が新たに発効したが、住民登録の基本的な原則は変わっていない。

あらゆる証明書にはPICが含まれ、公共セクターでも民間セクターでも、個人情報を含む大半のデータベースでプライマリーキー（主キー）として利用される。

さらに、電子署名されたファイルには署名者の証明書（そこにPICも含まれる）が含まれ、それにより署名者の確実な本人確認が可能になる。IDカード上のデータ（データファイルや証明書など）は読み取り保護されていないため、どのカード端末でも入手できる。たとえば、サービス提供者は、ユーザーがログインした時点でその認証証明書を入手することが可能であり、電子署名された文書を見る人は誰でも、その電子署名証明書を入手できる。データファイルや証明書に含まれるPICは、各種eID保有者とのあらゆる電子取引に利用されている（Formation and Distribution Procedure of National Identification Number）。

内務省 電子身分証明書の形式や要件を決める法律を策定する。

警察・国境警備隊 安全で確実な電子認証や電子署名を実現する電子身分証明書（IDカードなどのスマートカード）を発行する。

経済通信省 電子取引のための電子本人確認およびトラストサービスを規制する法律を作成する。

情報システム局（RIA） PKIを利用するのに必要なソフトウェア・アプリケーション（ドライバーなどのIDカード・ミドルウェア、ユーティリティ・ソフトウェア、クライアント・ソフトウェア）を開発する。PKIサービスの品質や信頼性の要件を決める。

公開鍵基盤（PKI）

　安全で確実な認証や電子署名、暗号化データの転送を実現しているのが、公開鍵基盤（PKI）である。エストニアのPKIは国営であり、これは、公開鍵基盤の存続や機能が政府により保証されていることを意味する。PKIに関するサービスの大半（証明書の発行、証明書の妥当性確認、公開鍵の配布など）、鍵生成環境の準備（IDカードやSIMカードなど）や身分証明書の個別設定については民間セクターに委託しているが、重要度の高いPKIの案件については政府が管理している。

　エストニアのeIDのもう1つの特徴は、各カード保有者に対し、政府が発行した生涯利用可能な独自のメールアドレスが割り当てられることである。現在、このメールアドレスには2つのフォーマットがある。個人識別コード@eesti.eeか、名前.姓NNNN@eesti.ee（NNNNは、同姓同名の国民が複数いた場合に個人を特定するための数字が入る）である。このアドレスは電子メールサービスとはつながっておらず、いわば中継アドレスとして、保有者の「実際」のアドレスにメールを転送する（eesti.ee, 2018）。

Since **2002**

エストニアのIDカード

概観

　IDカードは、エストニアで唯一所持が義務づけられている身分証明書である。2018年12月現在、131万人以上が有効なIDカードを保有している（ID.ee）。これは、エストニア居住者132万人の99％以上に相当する（Statistics Estonia, 2018）。

カードを基盤としたエストニアのeID制度は、ほかの国の同種の制度よりもはるかに普及している。

　IDカードを補完するものとして「デジID」と呼ばれるカードもある。これは政府が発行する、電子本人確認や電子署名のための電子証明書である。ただし、IDカードとは違い、視覚的に本人確認を行うためのものではない。そのため、写真などの身体的な証明情報は含んでおらず、その人の氏名、個人識別コード、有効期限が記載されているだけである。それでも、電子的・暗号技術的にはIDカードと同一であり、電子環境では同一のものとして扱われる。

　IDカードは、ISO/IEC 7810で定義されたID1フォーマットを採用しており、PKIテクノロジーに基づき2つの証明書を組み込んでいる。認証のための証明書と、電子署名のための証明書である。それぞれの秘密鍵は個人識別コードにより異なる。またIDカードには、利用者が読み取り可能なデータファイルが1つあり、視覚的に記載された情報がそこにも記載されている。カード上に電子的に利用可能な生体情報はない。

エストニアのIDカード

情報はすべて機械で読み取り可能なフォーマットで記されている（写真と署名を除く）。

カードの裏面に掲載されている情報

・カード保有者の出生地
・カード発行日
・居住許可の詳細（該当する場合）
・機械コードでのカードや保有者のデータ

カードの表面に掲載されている情報

・カード保有者の氏名
・カード保有者の写真
・個人識別コード（国民IDコード）
・生年月日
・性別
・市民権
・カード番号
・有効期限
・カード保有者の手書きの署名

チップの特徴

IDカードがあれば、エストニアで提供される安全なe-サービスすべてにアクセスできる。カード上のチップには、RSA公開鍵暗号またはECC公開鍵暗号のどちらか一方または両方を使った、電子環境でのIDの確実な証明として利用できるファイルが組み込まれている。そのため、本人確認、電子署名、データの暗号化に利用できる。IDカードの利用には特別なカードリーダーが、電子署名にはDigiDocという特別なソフトウェアが必要になる（SK ID Solutions - Estonian Electronic ID card application specification）。

証明書とその効力

IDカードには2つの証明書（X.509v3証明書）が含まれる。
1) 電子本人確認および暗号化のための証明書。
2) 電子署名のための証明書。これによりカード保有者の電子署名が可能になる。IDカードとそれに対応する証明書の有効期限は、発行から5年間である。

> **eIDカードの暗号化アルゴリズム**：ECC（384ビット以上）暗号方式
> **モバイルIDの暗号化アルゴリズム**：RSA（2048ビット以上）およびECC（384ビット以上）暗号方式
> **電子署名フォーマット**：BDOCおよびASICE（欧州電気通信標準化機構に対応。SK ID Solutions. ID software architecture document）
> **証明書はカードが有効なかぎり有効（カードの有効期限は5年間）。**

2019年から、IDカードは新たなフォーマットで発行される。これまでとの最大の違いは、IDカードに新たなチップが埋め込まれることだ。このチップは、接触型と非接触型の2つのインターフェースを持つ。また大容量であるため、新たなアプリケーションを追加することも可能だ。初期段階では、接触型インターフェースでのみデジタル署名やデジタル認証を利用できる。IDカードのほか、居住許可カード、デジID、外交官IDカードも更新を予定している。

発行プロセス

IDカードは、官民が緊密に連携して発行作業を行う。IDカードの発行やその関連インフラの運営にかかわる組織には、主に以下の3つがある。

- **警察・国境警備隊** 身分証明書法に従い、エストニアの市民や居住者に身分証明書を発行する政府機関。

- **認証局** カードの発行・電子的利用に必要な電子インフラを管理し、エストニア領内での関連サービスや関連ソフトウェアを開発する。

- **IDカード生産者** エストニア領内でカードの個別設定を行う企業。

IDカード発行の主なステップ

- 個人の申請 ✓
- 身元の確認（少なくとも一度は本人の出頭が必要）✓
- IDカードの個別設定、証明書の有効化 ✓
- 発行、受け渡し ✓

IDカードの発行には最大で30日かかる場合もあるが、デジIDカードの発行は30分もかからない。デジIDカードの発行は警察・国境警備隊の事務局で行う。

コラボレーションを始めよう

eGAは、電子本人確認システムの試験導入を検討している国に対し、パートナーと協力して包括的なサービスをパッケージとして提供している。これまでの経験とノウハウを伝え、市民一人あたりの利用頻度が世界一高いエストニアの電子本人確認システムを試験運用するのに必要な支援を行う。

電子IDの試験運用

試験運用プロジェクトでは、電子IDの概念およびその活用法を参加者グループに紹介・説明する。現地の当事者は、この試験運用プロジェクトで発行するプラスチックカードの枚数を決め、カードを個別設定する前の段階で、チップに関連アプリをロードしておく。

次いで、物理的・電子的にプラスチックカードの個別設定を行う。物理的な個別設定は、技術的・実用的な判断に従う。電子的な個別設定には、二組の非対称暗号鍵の生成も含まれる。認証用と電子署名用の暗号鍵である。公開鍵は、当事者全体の総意で選んだ認証局（CA）の承認を得るものとする。試験用の証明書は、スマートカードのチップ上にロードするとともに、CAのシステムに保管する。

3ヵ月eID試験運用パッケージの内容
- すぐに市場へ導入可能なシステム（これによりeIDの仕組みがよくわかる）
- 市場の分析
- 主要スタッフやサービス提供者の養成
- eID導入計画
- プロジェクト全体の管理

コラボレーションを始めよう
- 現地のパートナーから、主要なスタッフや利害関係者などの参加者グループのデータを提供してもらう。
- IDカードで安全にアクセスできるかどうかをテストするため、統合的なe-サービスを1つつくる。
- 認証や電子署名をテストするポータルサイトを提供する。
- 試験的な証明書を発行する。
- 仮のプラスチック製「試験用IDカード」を製造する。
- 技術的な支援を行う。

問い合わせ先 @ mari.pedak@ega.ee

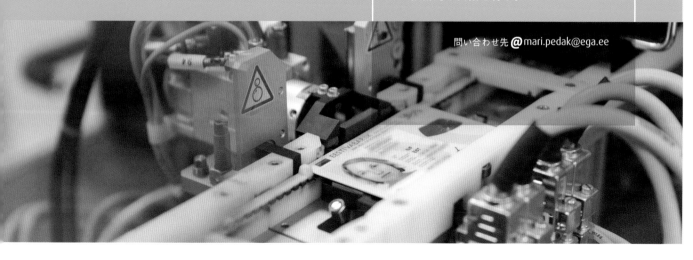

Since **2007**

モバイルID

概要

モバイルIDは2007年に導入された電子身分証明書で、携帯電話を使って電子本人確認や電子署名ができる。市場のモバイル機器の99％がモバイルIDに対応している。モバイルIDでは、SIMがIDカードとIDカードリーダーの役目を果たす。

モバイルIDは、エストニア警察・国境警備隊が管理する電子環境で有効化された段階で利用可能となる。IDカードとは違い、e-サービスへのアクセスと電子署名の作成のみに利用でき、データの暗号化には利用できない。それでも、特別なカードリーダーが必要ないという大きな利点があり、柔軟かつ快適に利用できる。

2011年にはモバイルIDが、エストニアにおける電子的な身分証明書として認められるようになった。モバイルIDがIDカードと同等の機能を有することになったのである。

チップの特徴

モバイルIDでは、このサービスを可能にする特別なSIMが必要になる。このSIMには製造の際に、専用のモバイルIDアプレットが装備されている。エストニアのPKIを基盤とするモバイルIDシステムでは、セキュリティ暗号アルゴリズムにECCとSHA2を採用しており、評価保証レベルはEAL4+である（SK ID Solutions. Security）。SMSチャンネルも利用できるため、スマートフォンではないモバイル機器にも対応している。

発行プロセス

モバイルIDは、官民が緊密に連携して発行・運営作業を行う。モバイルIDの発行やその関連インフラの運営にかかわる組織には、主に以下の3つがある。

99%
モバイルIDに対応している
モバイル機器の割合

警察・国境警備隊　身分証明書法に従い、エストニアの市民や居住者に身分証明書を発行する政府機関。

モバイルネットワーク事業者（MNO）　エストニアの主要MNOはすべて、登録機関の機能を果たし、モバイルID機能を持つSIMを提供する。

認証局　モバイルIDに必要な電子インフラを管理し、MNOに代わりモバイルIDサービスを提供する。

証明書とその効力

　エストニア認証局はモバイルID用に以下の2つの証明書（X.509v3証明書）を作成する。

1) 電子本人確認のための証明書
2) 電子署名のための証明書

　ほかの身分証明書とは違い、モバイルIDの証明書はSIM上にではなく、サービス提供者（認証局）のサーバーに保存されている。モバイルIDの証明書の有効期間は5年であり、有効期間が終了したらSIMを交換しなければならない。

モバイルIDの取得プロセス

✓ 少なくとも一度は必ず本人が出頭し、有効なIDカードを提示する。

✓ モバイルID契約に署名する（契約相手はエストニアのMNO）。

✓ エストニアのMNOがSIMを発行する。

✓ カード保有者がIDカードまたはデジIDをカードリーダーに挿入し、エストニア警察・国境警備隊のウェブサイトでモバイルID申込書を提出する。申請すれば、各サービスセンターでも申込書を提出できる。

✓ 申込書が処理され、警察・国境警備隊のウェブサイトで証明書が有効化された段階で利用可能となる。

モバイルIDの発行手続きは、電子取引のための電子本人確認およびトラストサービス法に従っている。

コラボレーションを始めよう

　eGAは、モバイルIDシステムの試験導入を検討している国に、パートナーと協力して包括的な一括サービスを提供している。エストニアでの成功事例を伝え、拡張性の高いモバイルIDシステムの立ち上げを支援する。

3ヵ月モバイルID試験運用パッケージの内容

・現地の主要な利害関係者の参加
・モバイルIDのコンセプトの紹介
・現地MNOが発行するSIMでのモバ@ルIDの試験運用
・現地での活用事例の創出
・現地での啓発活動

コラボレーションを始めよう

・現地のMNOから、SIM販売業者の情報を提供してもらう。
・試験用SIMにSIMアプレットを装備し、そのテストを行う（主要なSIMカード生産者に支援してもらう）。
・モバイルIDで安全にアクセスできるかどうかをテストするため、統合的なe-サービスを1つつくる。
・電子署名をテストするポータルサイトを提供する。
・プロジェクト全体を管理する。

試験運用や公の場でのテストの際には、エストニア国内のインフラを利用する。

問い合わせ先 @ mari.pedak@ega.ee

スマートID

2017年、主要銀行が支援・推進する、国境を越えたクラウドベースの認証システムが、バルト三国で初めて導入された。

　このシステムにより、安全性が証明されたスマートIDアカウントに登録すれば、既存のモバイル機器を利用して、さまざまなシステムやウェブサイトやアプリで身分を証明できるようになった。また、EU加盟国で承認されているeIDAS規則にのっとった電子署名も可能である。

　モバイルIDと違い、スマートIDでは専用のSIMカードは必要ない。特許取得済みのSplitKeyテクノロジーを利用しており、認証情報は閾値暗号により保護されている。ただし、スマートIDの利用にはデータ通信環境が必要になる。

　スマートIDは簡単に利用できる。Google Play StoreかApp StoreからスマートIDアプリをダウンロードし、IDカードか銀行が提供するコードで自分の身分を証明さえすればいい。

　18歳以上のスマートフォン利用者なら、このシステムを利用できる。申し込みには、既存のeID（IDカードかモバイルIDがあればフルタイプを利用できる）、あるいは銀行コードカードかPIN計算機（ベーシックタイプしか利用できない）が必要。

　スマートIDは当初から、国際的なeID制度として計画された。将来的には、このシステムがEU域内の全e-サービスの基盤となり、手書きの署名と同等の法的効力を持つ正規の電子署名ツールとなる可能性を秘めている。すでにラトビアとリトアニアでは実用化されている。

SK ID Solutions 新認証システムは急速に普及し、初年度だけで**70万人以上**の利用者を獲得。2018年11月現在、スマートIDを利用した取引は毎月**2000万件以上**

e-レジデンシー

エストニアは、世界で初めてe-レジデンシー（電子居住権）を提供し始めた国でもある。これは、一定の条件さえ満たせば世界中の誰でも利用できる政府発行の電子IDである。

　e-レジデンシーがあれば、信頼性の高いEUという環境の中で、グローバルビジネスの立ち上げや運営が簡単に行える。ただし、市民権や永住権に相当するものではない。選挙権はなく、ビザがなければエストニアやEU域内に入ることもできない（e-Estonia Showroom. What is e-Residency?）。

最初のe-レジデントであるスティーヴ・ジャーヴェットソン氏とティム・ドレイパー氏

主な特徴

　e-レジデンシー・カードは、電子的・暗号技術的にエストニアのIDカードと同一である。そのためe-レジデンシー・カードを発行する際には、IDカードと同じ一般原則、認定方針、証明情報が適用される。

証明書とその効力

　e-レジデンシー・カードとその証明書の有効期限は、発行から5年間である。

発行プロセス

e-レジデンシーを取得するプロセスは以下のとおり。

- ✓ オンラインで申込書を提出する。

- ✓ e-レジデンシー・カード発行の決定は、30営業日以内に行われる。セキュリティ上の理由により、カード受領時には指紋が採取される。特定の個人とデジタルデータを結びつけるためである。

- ✓ カードの受取場所は、世界各地にあるエストニア大使館・領事館、またはエストニア警察・国境警備隊の本部となる。

e-レジデント
150ヵ国以上から
4万7000人以上

e-レジデントが所有する企業
5000社以上

詳細は下記サイトを参照
🌐 www.politsei.ee（エストニア警察・国境警備隊）

電子署名ツール

eIDパッケージに含まれるソフトウェアDigiDocは、エストニアで広く利用されている文書共有・電子署名システムであり、大半のエンドユーザー機器がこれに対応している。

eID利用者は誰でも、文書に電子署名を行い、それを相手に送信できる。利用者はDigiDocソフトウェアを使うが、e-サービス提供者は情報システム局が提供するオープンソースのソフトウェア・コンポーネントを利用する。

電子署名ツールの仕組み

エストニアでは電子署名が手書きの署名と同じ法的効力を持つため、政府機関や企業や個人に、安全で利用しやすいファイル伝送プラットフォームを提供する必要がある。

メリット

1. 文書の迅速なやり取り
2. 直接・間接経費の節減
3. 安全なタイムスタンプや証明書による偽造や不正のリスクの減少

認証に使われる基本的なソフトウェア・コンポーネントは公開されており、誰でも利用できる。そのためどんな組織でも、eIDカードを主要な本人確認手段として利用するアプリや事業プロセスを考案でき、それがeIDカードの機能の幅広い利用につながっている。

e-シール（電子印鑑）

e-シールは、法人（企業や政府機関など）が大量の文書を電子的に認証する際に利用される。

　e-シールは、その文書を作成したのが署名した企業であることを証明する（つまり、電子文書は権限を与えられた特定の人間ではなく、組織によって認証される）。これにより企業や政府機関は、文書を手作業で管理していた以前のシステムに比べ、時間と経費を大幅に節約できる。また、e-シールは文書が真正なものだと保証してくれるため、顧客はこれまで以上に迅速・簡便に必要な業務を実行できる。

　e-シールは、請求書、納付命令、確認書、証明書、銀行取引明細書などに利用できる。X.509証明書を持つ暗号化機能つきUSBメモリにも利用可能である（適用の範囲は証明書の名称により異なる）。e-シールの発行プロセスや証拠的価値は、EUのeIDAS規則に規定されている。

発行プロセス

　e-シールは、組織においてスマートカードや暗号化機能つきメモリの運用に携わる代表責任者に発行される。文書にスタンプ認証した時間や信頼性情報を付与するという点では、IDカードに似ている。e-シールは大半の情報システムに組み込める（SK ID Solutions. Digital signing and stamping）。

デジタル署名を利用するたびに **1ユーロ以上** を節約できる

試してみよう

e-シールでどれだけ
節約できるか計算してみよう

・デジタル署名損益計算機
🌐 www.eturundus.eu/digital-signature
・デジタル文書損益計算機
🌐 www.eturundus.eu/digital-document

　契約書に署名したり、クライアントやパートナーやサプライヤーと同意書や証書や請求書などの公式文書をやり取りしたりしている組織や企業は、上記の計算機を利用してほしい。

　エストニア認証局（SK ID Solutions）が電子署名の損益分析を行った結果、多大な金銭的利益が見込めることが明らかになった。実際、手書きの文書を電子署名された文書に置き換えることで、エストニアの民間会社Eltel Networksは年間1万7000ユーロ、タルトゥ大学は年間13万8000ユーロの経費節減を実現した。

カスタマーサポート

　eIDおよびモバイルIDの利用者は、24時間年中無休でカスタマーサポートを受けられる。

電子IDに関する詳細は以下を参照。
警察・国境警備隊 🌐 www.politsei.ee/en
e-エストニアのウェブサイト 🌐 www.e-estonia.com
IDカードのヘルプセンター 🌐 www.id.ee
モバイルIDのヘルプセンター 🌐 www.mobiil.id.ee

カスタマーサービス窓口：
警察・国境警備隊の各事務所

国境を越えた単一デジタル市場

電子IDと電子署名は、国境を越えた単一デジタル市場を実現する。

　欧州委員会によれば、EU単一市場をデジタル時代に適応させ、30近い国内デジタル市場を一体化させる時期が到来しているという。単一デジタル市場戦略は、市民生活や事業のデジタル化を進め、デジタル経済の世界的リーダーとしてヨーロッパの立場を強めることを目的としている。

　個人や企業が自国の国内電子IDシステム（eID）を使い、他国の電子サービスにアクセスできるようにすれば、単一デジタル市場の形成は一気に進むだろう。すでに数多くの国が電子ID制度を導入しているため（ただしパスワードやスマートカードなど、利用しているテクノロジーは異なる）、各国のeID制度や電子署名システムの相互運用が今後の課題となる。

　2018年11月7日、欧州議会ならびに「国内市場の電子取引のための電子本人確認およびトラストサービス」委員会が定めたEU規則No.910/2014の第9(1)条に従い、エストニアの電子ID制度が告知された。これはつまり、2019年11月7日以降はエストニアのeID保有者が、ほかのEU加盟国の公的なe-サービスにもアクセスできるようにしなければならないということである。

　電子署名、電子印鑑、タイムスタンプ処理、電子配信サービス、ウェブサイト認証など、電子トラストサービスのEU域内市場を形成するためには、それが国境を越えて機能し、従来の紙ベースのプロセスと同じ法的地位を獲得する必要がある。これらのサービスすべてが法的に妥当だと見なされるようになったときに初めて、企業や市民は自然な情報交換手段として、安心してデジタルを利用できるようになるだろう（European Commission）。

eIDAS 規則

　EU域内市場の電子取引のための電子本人確認およびトラストサービスに関するEU規則No.910/2014は、2014年7月23日に欧州議会で採択された。電子署名の地域的枠組みに関する指令1999/93/ECに代わる規則である。

eID に関する規定

- 一加盟国で利用されているeID制度の（ほかの加盟国への）告知は任意である。

- ほかの加盟国がeID制度を告知した場合は、それを承認しなければならない（ただしその制度が、承認する加盟国が採用している制度に比べ、同レベルかより高いレベルにある場合に限る）。

- eIDASは3段階の保証レベル（低、十分、高）を設定し、告知されたeID制度をそれにより分類する。

- 公共団体は、それぞれの保証レベルに相当するeIDを受け入れなければならない。

- 告知されたeID制度を相互承認する義務は、2018年9月29日に発効した。

電子トラストサービスに関する規定

- eIDASは、XML、CMS、PDF、ASICの使用を認めている。

- eIDASは電子署名を、その適格性に基づき4つのレベルに分けている。
  - 適格な電子署名（適格な証明書、適格な電子署名生成機器（QSCD））
  - 高度な電子署名（適格な証明書、電子署名生成機器）
  - 高度な電子署名（資格のないトラストサービス提供者が発行する証明書）
  - 電子署名（適格な電子署名生成機器も適格な証明書もない）

- eIDASによれば、適格な電子署名のみが手書きの署名と同じ法的資格を持つ。

- 適格な電子署名および高度な電子署名は、欧州電気通信標準化機構の技術仕様に従わなければならない。

- 電子トラストサービスの規則は、2016年7月1日から適用される（European Commission）。

データ交換基盤

BY ウーノ・ヴァルネル

エストニアのデータ交換基盤は、X-Roadを中心に構成されている。このデータ交換レイヤーがe-エストニアの基幹を形成する。

X-Roadは、規格化された安全な相互接続環境を創出するため、2001年にエストニア政府が導入した。これにより、公共セクターや民間セクターの異なる情報システム間でデータ交換やサービス提供が可能になった。

2018年からは、北欧相互運用ソリューション協会（NIIS）の主導のもと、グローバルなX-Roadコミュニティが形成されている。NIISは、フィンランドとエストニアが合同で設立した組織で、X-Roadテクノロジーを始めとするe-ガバナンス・システムの開発を使命とする。X-Roadは、MITのオープンソース・ライセンスに基づいて公開されており、誰もが無料で利用できる。NIISは主に、加盟国の意思に従い、X-Roadなど電子政府インフラの中核コンポーネントに関する以下の活動に取り組んでいる。

X-Roadプロジェクトの主たる目標は、データの安全性を脅かすことなく、また既存のシステムをできるだけ変更することなく、政府に登録されたデータに簡単にアクセスできるインフラを構築することにある。

そのためにはまず、政府のさまざまな登録簿を1つにまとめなければならなかった。さまざまな組織により別々の予算で作成・管理されている登録簿は無数にある。こうした登録簿には個人データが含まれており、時にリアルタイムで必要となる重要な判断に利用される場合もある（たとえば救急医療の現場など）。だが、当初のX-Roadシステムの参加者には、関連するセキュリティのノウハウもなく、IT予算も限られた小規模な組織が多く、そのような複雑な状況を克服する必要もあった。

詳細はwww.niis.orgを参照。

- ソースコードの管理・開発・検証・評価
- 記録文書の管理
- 事業要件や技術的要件の管理
- 開発の指導
- ライセンス供与や配布の原則の策定・実施
- 加盟国へのサポート
- 国際協力

エストニアにおけるX-Roadの利用状況:

2700
のサービス

700
以上の団体や企業

500
以上の公共機関

5万2000
の組織がX-Roadサービスを間接的に利用

1600
以上の情報システム

5億6000万件
以上のデータ照会（年間）

アゼルバイジャン、ケイマン諸島、ハイチ、フェロー諸島、フィンランド、キルギス、ナミビア、パレスチナ、ウクライナで導入されている

X-Roadは、ヨーロッパでの相互運用の枠組みの概念モデルを設計する際に、その手本の1つとされた。現在のエストニアのモデルは、EUの公共サービスの概念モデルと完全に一致している（下図を参照）（MKM 2011）。

公共サービスの概念モデル

- 利用者
- 総合的な公共サービス
- 取りまとめ
- 安全な通信管理
- 安全なデータ交換・管理
- 基本的な公共サービス
- 相互運用のまとめ役
- ベースレジストリ
- 外部サービス

設計の原則

X-Roadの技術設計は、分散型の、安全で統一的な組織間データ交換プラットフォームの提供を原則とする。

分散型：X-Roadは完全に分散化された、レジリエントなシステムであり、データを集中管理することもなければ、データの所有権を変更することもない。

安全性：X-Roadは、政府間・組織間相互運用のセキュリティ要件を満たし、交換されたデータの真正性、完全性、否認不可性を保証することで、有効性の高いサービスや機密性の高いデータ交換を実現する。

全システム対応：X-Roadは、あらゆるプラットフォームで構築された情報システムを接続する。また、組織内で利用する際に特別なツールやテクノロジーを必要としない。

信頼性：X-Roadは、単一障害点を持たない。障害や攻撃に対する回復力を高めるため、インフラのすべてのコンポーネントにおいて冗長化が可能である。共用ネットワークや公共ネットワークで入手可能なコンポーネントには、サービス妨害攻撃に対する安全対策が講じられている。

加盟国サポート：X-Roadは、同システム設置国間の2国間協定をサポートする。

導入が簡単：X-Roadのインフラは効率よく簡単に導入できる。eGAが提供するX-Roadの試験運用版は導入・実装がきわめて容易で、すぐにその効果を判断できる。

利便性：X-Roadには簡単に対応できる。通信はすべてウェブサービスに基づいているため、X-Roadアダプターを使えば、どんな開発者でも容易に利用できる。また、ほかの組織へのアクセスは統一されており、APIは1つしかないため、開発者が従わなければならないルールも1種類しかない。

Cybernetica社のX-Roadの専門家たち

手続きの進め方や法的枠組みについては、相談窓口やシステムサポートが利用できる。エストニアには、20年にわたり関連テクノロジーやその補助システムを開発・展開してきた実績に基づく専門知識がある。パートナー組織には、e-Governance Academy、Cybernetica社、Aktors社、エストニア情報システム局、Roksnet社が名を連ねている。

X-Roadのコンポーネント

　X-Roadインフラのコンポーネント間の関係性については、下図に論理的な概要を示した。X-RoadはTCP/IPネットワークを利用している。この情報システムの参加者には、サービス提供者（バックエンド）と消費者（フロントエンド）がおり、両者とも、情報をほかの組織に提供することも、受け取ることもできる。X-Roadシステムの参加者数は、理論的には無限である。

中央サービスの数は最小限に留めている。情報システムやサービスの登録、サードパーティの認証や承認、取引ログの管理、サービスの健全性の監視、PKIの機能の管理などである。中核コンポーネントは、データ交換参加者に関する情報をプロキシサーバーに提供する。

　X-Roadシステムでは、認証された参加者同士が、安全なピアツーピア接続を使い、仲介なしで直接通信する。メッセージ（要求や応答）はすべて、デジタル署名とタイムスタンプを付与され、相互認証され暗号化されたチャンネルを通じて送信される。

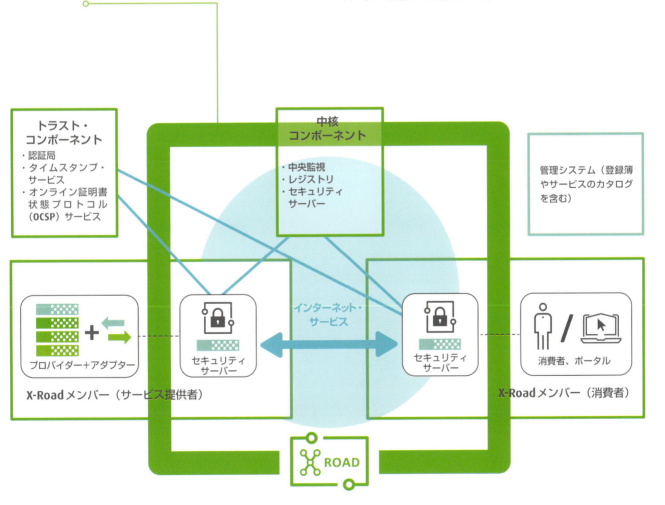

X-Roadの中核コンポーネント

　X-Roadシステム運営の技術的基盤を形成しているのは、（各種の）X-Roadの中核コンポーネントである。X-Roadデータ交換レイヤーの技術的能力を提供するうえで欠かせないコンポーネントは、以下の3つである。

- セキュリティサーバー
- レジストリ（中央サーバー）
- 監視システム

セキュリティサーバー

　セキュリティサーバーは、サービス提供者の情報システムとX-Roadインフラを結ぶゲートウェイとして機能し、保護レイヤーの役目を果たしながら、要求メッセージや応答メッセージを伝える。すべてのメッセージの交換は、暗号化された安全なチャンネルを通じて行われる。また、メッセージにはデジタル署名とタイムスタンプが付与され、取引の真正性が長期にわたり保証される。

レジストリ

　X-Roadのレジストリは、認証局、承認されたトラストサービス、X-Roadメンバー、セキュリティサーバーに関する情報を保管する。参加者のセキュリティサーバーは、データ照会がほかのX-Roadメンバーから来たものかどうかの判断や、サービスのアドレスの検索などのために、これらの情報を要求することができる。X-Road管轄機関により管理され、エストニアではその役割をエストニア情報システム局が担っている。

トラストサービス

　トラストサービスとは、証明やタイムスタンプにかかわるサービスである。複雑でない場合にはX-Road管轄機関がトラストサービスを提供することもあるが、一般的には認証局が以下のような標準的な証明サービスを提供する。

- 認証、デジタル署名、暗号化のための証明書の発行
- 証明書の有効性の確認
- タイムスタンプ付与

監視システム

　監視システムは、セキュリティサーバーから取引に関する情報を受け取り、その情報を中央システム管理者が利用できるようにする。ただし、参加者間で交換されるデータの内容を見ることはできず、ただデータが交換されている事実を認識しているだけである。X-Roadシステムには各地に監視局があり、それぞれが現地のゲートウェイから情報（ステータス情報、エラーメッセージ、データ照会情報）を絶えず収集している。CPUの使用状況、メモリの利用状況、未処理のデータ照会数などの詳細なシステム情報により、システム管理者はサーバーやサービスの状態の概要を完全かつ正確に把握できる。

　監視システムは、運営上のさまざまな意思決定を支援する。たとえば、以下が可能である。

- システムが適切に稼働しているかどうかをテストする。
- 使用量のピークを見きわめ、必要な処理能力を見積もる。
- e-ガバナンスの仕組みに対する理解を深め、改善につなげる。
- 異常を検知し、安全性を向上させる。
- 利用状況のデータを通じて利用者に対する理解を深める。
- どのサービスが何度利用されているか、平均的な応答時間はどれくらいかなど、運用統計をもとに判断を行う。
- X-Roadシステム環境（セキュリティサーバーのオペレーティングシステム、メモリ、ディスク容量、CPU負荷、実行プロセス、インストールされたパッケージなど）を監視し、セキュリティサーバーの測定データをもとに判断を行う。

ポータル

ポータルは、X-Roadの利用者に対して重要な役割を担う。X-Roadの中核部分ではないが、以下のサポートを行う。

ポータルは：

1. 市民が政府のe-サービスにアクセスできるようにする。
2. 複合的な（統合化された）サービスの構築を支援する。
3. 国内のeIDシステムに基づき、さまざまな認証手段に対応する。
4. コンピューターやモバイル機器を通じてアクセスできるようにする。

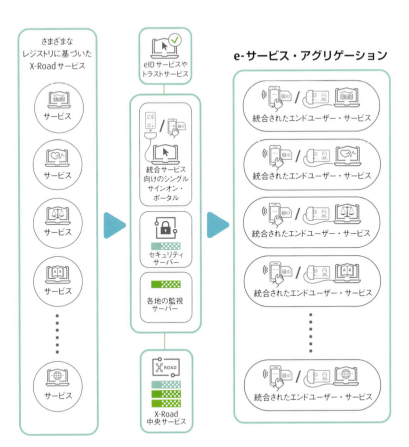

X-Road管轄機関

エストニアでは、中央管轄機関であるエストニア情報システム局（RIA）がX-Roadの運用を管理している。その最大の役目は、関連政策を通じて、X-Roadシステムやそこで交換されるデータの法的地位を保証することにある。また、X-Roadのさらなる開発を指導し、その一貫性や整合性を保証する責務を負う。

X-Road管轄機関にはそのほか、インフラのセキュリティポリシーを策定する役割もある。セキュリティポリシーには以下が含まれる。

- インフラへの参加者に対するセキュリティ要件（利用者認証要件など）
- サービスや情報システムに適用するセキュリティ分類。これによりサービス提供者は、利用者が従わなければならないセキュリティ要件の一覧を明示できる。
- 信頼のおける証明およびタイムスタンプ・サービスの提供者のリスト化

X-Roadメンバー

　X-Roadメンバーとは、相互通信を希望する法主体を指す。各参加者は、セキュリティサーバーを通じてほかの参加者のシステムと接続できる情報システムを持ち、X-RoadやPKIのサービスを利用することが前提条件となる。また参加するにあたっては、十分なセキュリティ対策を整えておかなければならない。X-Road管轄機関には、セキュリティポリシーや運用方針を見直す権利がある。クライアントとなる組織には、関連契約締結後にサービスを利用する権利が付与される。アクセスルールは常にサービス提供者が決め、X-Road管轄機関の規制を受ける。

　消費者がX-Roadを通じて行う要求に対し、データ提供者はX-Roadを通じて要求に応え、データを提供する。そのためデータ提供者がX-Roadを利用する際には、さらに以下の2つの要件を満たす必要がある。

1. レジストリ（データベース）を運用しなければならない。そのレジストリは、X-Road管轄機関（エストニアでは情報システム局）に登録されている必要がある。
2. アダプターサーバーを所有していなければならない。これは一般的に「統合コンポーネント」と呼ばれる。

国家間のデータ交換

　X-Roadは、国境を越えてレジストリや情報システムの相互通信ができる世界初のプラットフォームである。2017年、フィンランドとエストニアの間に安全なデータ交換網が形成された。その結果、エストニアに住んでいようがフィンランドに住んでいようが関係なく、フィンランドの政府や民間セクターはエストニアのレジストリにあるデータに、エストニアの政府や民間セクターはフィンランドのレジストリにあるデータにアクセスできるようになった（ただし十分な権限が付与されている場合に限る）。

　国境を越えたデータサービスを実施するには、関係国のX-Roadセンターが連携協定を締結し、その中で各国および国家間の組織的・法的責任を規定しておかなければならない。各国（センター）のX-Roadメンバーは、他国のX-Roadメンバーとデータ交換（国境を越えたe-サービス）を行うことが可能になる。

詳細の参照先：北欧相互運用ソリューション協会　www.niis.org

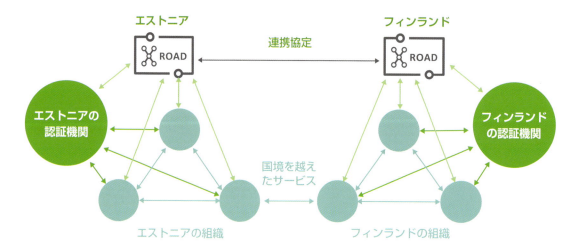

コラボレーションを
始めよう

なぜX-Roadシステムを利用すべきなのか？

・X-Roadは情報社会へ向けての大きな一歩となる。
・X-Roadはエストニアやヨーロッパでの最新テクノロジー活用のベストプラクティスを提供する。
・X-Roadは市民や政府機関や民間セクターに安全で高品質なe-サービスを提供する。

導入プロセスの内容

・中央機関/管轄機関の創設
・データ交換システムの法的地位の確立
・技術システムの立ち上げ
・e-サービスの創出

X-Road導入の必須条件

・参加者ごとの一意の識別名
・eIDの枠組み
・デジタル署名の技術や規制の枠組み
・デジタル化された登録簿
・電子データ交換の規制の枠組み（データ交換の仕組みを統一するため）
・信頼のおける合法的な管轄機関による、十分な資源を伴う手続きや規制

eGAは各国政府に、データ交換基盤を開発・改善するさまざまなサービスを提供する。

主なサービス

ポリシーの作成

・相互運用の枠組み
・相互運用の基本設計概念
・e-ガバナンスの枠組みの評価
・データ交換ポリシー

法律の立案

・公共セクターの情報に関する法律・規制・指針
・データ交換の規制・指針

組織の設立

・調整組織の構造・役割・責任の決定
・データ交換センターやデータ能力センターの設立支援

技術支援

・X-Roadセンターのハードウェアやソフトウェアの設置
・フロントエンドシステムに接続可能なベースレジストリ・システムの構築・設置
・公務員や市民や民間セクターのニーズを満たすフロントエンドシステムの構築・設置

教育・啓発

・啓発イベント
・資料、分析、研究論文
・X-Roadセンター管理者の養成
・情報システム管理者の養成
・サービス開発者の養成

X-Roadに関する詳細の参照先 🌐 www.ria.ee/en/x-road.html
問い合わせ先 @ uuno.vallner@ega.ee

相互運用
ソリューションカタログ

BY ウーノ・ヴァルネル

相互運用ソリューションカタログは、政府の情報システム間の協調を補助し、データ交換レイヤーの開発や管理を支援するツールである。また、同じ情報は一度しか要求しないワンスオンリーの原則をサポートするシステムとしても機能する。

エストニアで相互運用ソリューションカタログの運用を管理しているのは、国家情報システム管理システム（RIHA）である。RIHAは、全国のシステムやコンポーネント、サービス、データモデル、セマンティックアセットなどのレジストリとして機能する。eGAはエストニアでの経験に基づき、国際的に利用できる簡略化された相互運用ソリューションカタログ（CatIS）を開発している。

国家情報システム
管理システム（RIHA）

RIHAの主たる目的は、公共セクターの情報システムを、透明性と効率性、適度なバランスを保ちながら管理することにある。RIHAは、エストニアの公共セクターの情報システムから最新の全メタデータを提供し、データベースの相互運用、情報システムのライフサイクル管理、データの再利用を支援する。RIHAには、法的・組織的・技術的・セマンティックな構造の情報が含まれる。

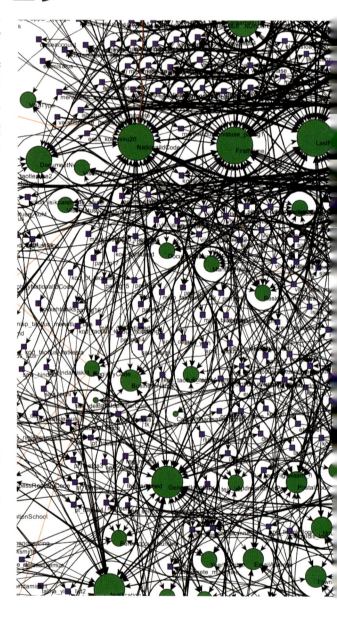

RIHAを管理ツールとして利用しているのは──

4万8000
のデータオブジェクト

700
の情報システム

200
のX-Roadサービス
提供者

4500
のサービス

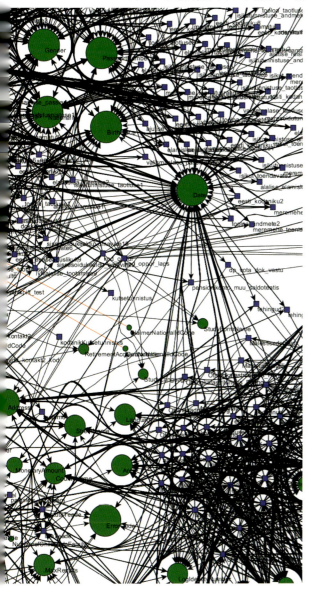

エストニアの電子政府のデータ構造の一例

法的な構造

- メタデータの共有および再利用は、法律で義務づけられている。
- エストニアの情報公開法は、RIHAの情報へのフリーアクセスを保証している。
- RIHAのコンテンツの利用、配布、変更に関する明確な規定はまだ存在しない。

組織的な構造

- 公共のデータベースおよび情報システムのメタデータの記録・共有は、法律で義務づけられている。

セマンティックな構造

- RIHAは公共セクターのデータベース、レジストリ、および情報システムのメタデータを保管する。
- セマンティックアセットは以下の形式で利用できる。
  人間・機械双方に可読なフォーマット（XML, OWL）
  人間にのみ可読なフォーマット（PDF）
  機械にのみ可読なフォーマット（CSV, WSDL）

技術的な構造

- サーバー　Apache Web サーバー
- プログラミング言語　Java
- 認証と認可　SSL/HTTPS
- メタデータ　OWL および XSD

詳細の参照先：
🌐 www.riha.ee
🌐 www.ria.ee/en/state-information-system/administration-system-riha.html

2000 の組織（サービス生産者および消費者）

1600 のデータやシステムの担当者

900 のコードリスト

80 のオントロジーや辞書

相互運用ソリューションカタログ

CatISは、特定の国のニーズに合わせてカスタマイズしやすく、多言語環境で利用できる。

データベースやサービスやセマンティックアセットなど、政府のIT資源を明らかにし、政府間のデータ共有プロセスを調整する。

CatISのコンポーネント

データベースのデータベース：データベースの名称、所有者、登録データのタイプ、サービスの一覧、データベースが構築・登録された日時、データベースの技術的構造、関連する法令など、政府のデータベースのメタデータを提供する。

サービス・リポジトリ：公共セクターの情報システムの相互運用、技術的・組織的・セマンティックな資源の再利用を促進する。データベースのデータベースに保管されているメタデータを補完する存在であり、あらゆるウェブサービスの仕様や政府サービスの詳細な内容（事業プロセスモデルなど）を記録している。

セマンティックアセット・リポジトリ：e-ガバナンス・サービスで交換されるデータに付随する語彙（呼称）、セマンティクス（意味）、構造、業務ルールについて、政府機関間で取り決めた情報を提供する。

CatISが提供する情報：

- 公共セクターにどんな情報システムやデータベースが導入されているか
- どの情報システムで、どんなデータが収集・処理されているか
- どんなサービスが提供され、誰がそれを利用しているのか
- 情報システムやデータベースの公的な責任者やその連絡先情報
- データベースやそこで処理されるデータの法的根拠
- 情報システムの相互運用を保証する再利用可能なコンポーネント（XML資産、分類、辞書、オントロジー）

CatISの技術的構造はNoSQLデータベースシステムのMongoをベースにしており、プログラミング言語にはJavaを採用している。

コラボレーションを始めよう

eGAは、相互運用ソリューションカタログの開発や改善を目指す各国政府を支援する。

---

eGAのサービス

・政策の立案
・法律の立案
・組織の能力開発
・技術支援
・教育・啓発

　このシステムは、フェロー諸島、キルギス、アルメニア、ナミビア、モーリシャスなど、数多くの国で試験的または本格的に導入されている。CatISのユーザーインターフェースはすでに、英語、ロシア語、エストニア語、フェロー語、アルメニア語に対応している。

CatISの参照先 https://upmind.ee/catis
問い合わせ先 @uuno.vallner@ega.ee
@arvo.ott@ega.ee

ベースレジストリ

BY ウーノ・ヴァルネル

ベースレジストリは、「他者が電子的に再利用でき、単一の組織の責任のもとで情報の収集・利用・更新・保管が行われている、信頼のおける権威ある情報源」と定義される。

ベースレジストリは、個人や企業、車両、ライセンス、建築物、場所、道路などに関する基本情報の信頼できる情報源である。ベースレジストリの所有者は、情報の収集・利用・更新・管理・削除の責任を負う。

各レジストリは、そのデータ構造を自由に選択できる。ただし、相互運用ソリューションカタログにそのデータ構造を記述しておかなければならない。エストニアでは、政府は市民に同じデータを一度しか要求しないという原則に従い、同じデータについて別のデータベースを構築することは禁じられている。データベースの構築、収集されたデータの構成の変更、データベースの終了の際には、そのデータベースの技術文書について、所轄官庁の承認を得なければならない。政府機関相互のデータ交換は自由であり、情報の公開に関する直接経費の支払いを法律で規定している場合を除き、情報へのアクセスは無料である。

ベースレジストリはすべてX-Roadの標準的インターフェースを備え、X-Roadのセキュリティサーバーやアダプターサーバーと一体運用されなければならない。

エストニアでは以下のレジストリに対するデータ照会が多い：

国税局

住民登録

処方薬センター

公告

裁判所の電子ファイル

企業登録

文書交換センター

車両登録

市民権証明書登録

健康保険

医療情報システム

救助情報システム

教育情報システム

インターポール

地籍登録

建築物登録

経済活動登録

コラボレーションを始めよう

eGAは、「ワンスオンリー」原則に基づきベースレジストリの開発・改善を目指す各国政府を支援する。

eGAのサービス

・政策の立案
・法律の立案
・技術支援
・教育・啓発

問い合わせ先@uuno.vallner@ega.ee

エストニアにはおよそ200のベースレジストリがある。ベースレジストリのサービスは、X-Roadのフロントエンドシステムを通じて利用できる。

サービスポータル

BY ウーノ・ヴァルネル

サービスポータルを利用すると、一度のサインオンで複数のシステムにアクセスできる。

エストニアで最も有名なサービスポータルは **eesti.ee** だが、大半の政府機関にもサービスポータルが存在する。利用者それぞれのニーズに合ったポータルの導入を簡略化するため、X-Roadの追加ソフトウェアツールとして、再利用可能なツールキット（MISP）が開発されている。MISPには、利用者の認証や承認のためのシンプルなユーザーインターフェースが内蔵されており、これを使えばわずか数時間でX-Roadサービスを利用できる。

MISPが対象にしている主な組織：

- X-Road上で利用可能なサービスと結びつけられる独自の情報システムを所有していない組織。

- X-Roadウェブサービスをすぐに利用したいが、現在運用している情報システムのインターフェースをX-Roadと統合するのは後日でいいという組織。

- X-Road向けの独自の情報システムサービスを開発中であり、それを公式に提供する前にテストしたいという組織。

ツールキットのコンポーネント：

- e-サービスの概要説明/調整モジュール

- WSDLおよびXForms仕様によるユーザーインターフェース生成モジュール

- WS-BPEL仕様によるサービス統合モジュール

- 組織・利用者・役割などを管理するモジュール

統合サービス構築を支援：

- あるサービスの結果を、別のサービスのパラメーターとして利用する。

- 複数の単一サービスから複合的なサービスを構成する。

MISP は、公開されているX-Roadサービスを組織が実行できるようにするためのアプリケーションである。消費者はこれを使い、以下の4種のポータルを生成・利用できる。

MISPが提供する4種類のポータル：

民間組織の情報システム

- ポータルには、X-Roadを利用する組織をリンクすることができる。
- 利用者は、あくまでもポータルにリンクされた組織の一員としてサービスを利用する。利用者の役割やデータ照会の承認に関しては、各組織のルールが適用される。
- リンクされた組織は、X-Roadの提供するサービスを利用できる。

市民ポータル

- 公的なe-サービスのためのポータル。
- すべての認証された利用者は、公的なユーザーグループの一員とみなされる。
- ポータルに参加してe-サービスを利用するために、利用者ごとのアカウントは必要ない。
- 認証された利用者は、そのポータルで利用可能なすべてのe-サービスを利用できる。

企業ポータル

- ポータルの所有者は、エストニアのビジネス・レジストリに登録されていなければならない。
- ポータルに登録する際には、ビジネス・レジストリへの問い合わせが行われる。

- 共用ポータル
- このポータルにリンクできるのは、ポータルを管理する組織のみである。利用者の役割やデータ照会の承認などの実務的なルールは、ポータルのユニットごとに設定される。利用者の役割や承認は、リンクされたユニットでのみ有効となる。たとえば、ホームドクター向けポータルでは、ポータルのユニットを構成するのは医師である。
- e-サービスを利用するためには、データ照会の承認と利用者権限が必要となる。
- 新たなユニットがポータルを利用するためには、ユニットの代表者による登録作業が必要になる。代表者の権限は、X-Road運営者の標準的な代表権確認手続きを通じて確認される。
- ポータルの組織的権限のもとで実行されるのは、メタサービスのみである（特定のユニットを代表するものではない）。
- X-Road運営者のサービスは以下の者が利用できる（ポータルの構成により異なる）。
  - リンクされた組織
  - ポータルのユニット

MISPは地方自治体を始め、多くのエストニアの組織で利用されている。

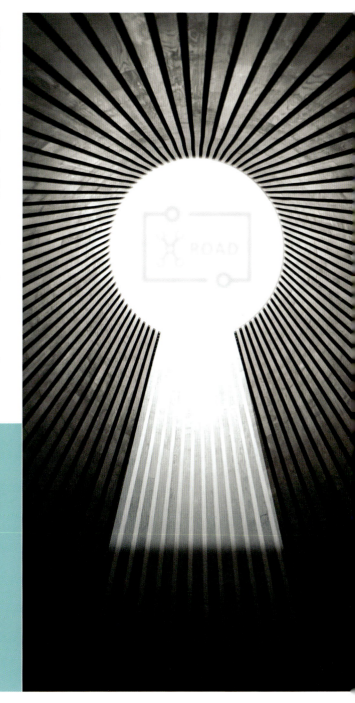

コラボレーションを始めよう

eGAは、X-Roadを設置しているすべての国でMISPインフラを確立している。

問い合わせ先 @ uuno.vallner@ega.ee

オープンデータ・インフラ

データにアクセスできれば、個人や組織が市民の生活を向上させる新たな知見やイノベーションを生み出し、国内および各国間の情報の流れを改善することができる。

　政府や企業は幅広いデータを収集しているが、一般市民が容易に発見・利用・理解できるような形でそのデータを共有しているわけではない。

　効果的にデータを利用できるようにするには、コンピューターで読み取り可能なフォーマットでデータを提示しなければならない。また、データを再利用するための明確なルールを定め、データの再利用を支援する情報システムやサービス、インフラの相互運用を推進する必要がある。

　オープンデータが利用可能になれば、以下の効果がある。

透明性の高いガバナンス　行政機関の管理環境の透明性が高まり、ほかの行政機関や市民や企業が、管理のルールやプロセス、データ、サービス、意思決定を理解・評価できるようになる。

イノベーション　オープンデータは、オープンフォーマット、フリーソフトウェア、リンクされた情報、「ビッグデータ」、未来のインターネット、共創など、「開かれた政府」の取り組みや新たなテクノロジー動向と密接に関係している。

経済の活性化　公共セクターの情報を公開すれば、民間セクターや第三セクターの組織が、その情報をほかのさまざまなデータと組み合わせ、付加価値の高い新たな事業サービスを展開できる。ただし、その影響は間接的であるため、社会でデータを再利用した場合の経済効果については評価が難しい。

　エストニアのオープンデータ緑書は、解決策を見出す必要がある問題として以下を挙げている。

- 「デフォルトは国のデータ」原則から「デフォルトはオープンデータ」原則へ移行し、公共セクターの透明性を向上させる。

- オープンデータに基づいて生み出された新たな知識、イノベーション、サービスを利用し、経済を活性化する。

- 未来のテクノロジー（リンクトデータ・テクノロジー、モノのインターネット、「ビッグデータ」、共創）への移行を加速する。

- エストニアのオープンデータ・インフラの開発をさらに進める。

- EUなどの国際的取り組みの中でエストニアが引き受けた義務を遂行する。

　エストニアでは、営利目的であれ非営利目的であれ、誰もがオープンデータ・ポータル（https://opendata.riik.ee/）を通じて公共データに自由にアクセスし、それを共有・再利用する権利を持つ。

コラボレーションを始めよう

eGAは、各国政府の支援のため、オープンデータおよび空間データのポリシーペーパーの作成や研修の実施、オープンデータに対する啓発活動を行っている。
問い合わせ先@ uuno.vallner@ega.ee

空間データ・インフラ

BY ウーノ・ヴァルネル

土地利用、不動産管理、資産課税、資産/インフラ管理、地区計画、交通、天然資源管理、環境保護、農業、法的処置など、政府の仕事には空間データの効果的利用が欠かせない。

空間データとは、建築物、道路、森林、山などの物理的地勢や、行政上の境界、土壌が肥沃な地域、運輸ルートなどの仮想的地勢の地理的特徴を示す。電子地図は、異なる地勢グループを重ねて表示する場合が多いため、それぞれに対応するデータセットは「レイヤー」と呼ばれる。一部のレイヤーはきわめて動的な性質を持つため、電子地図を静的なイメージとしてとらえると誤解を招くおそれがある。

地理情報システム（GIS）よりも幅広い概念である空間データ・インフラ（SDI）は、後に記載する一般的な要件や指針に従い、空間データ資源を全国レベルで運用・管理するためのものである。ただし、SDIには以下のような固有の問題がある。

異なる機関がさまざまなデータ資源を運用・管理しているため、単一の機関や技術システム（データベース）に空間データをすべて集中させるのが難しい。それでも、責任は明確に区分しておかなければならない。重要な機能は以下の３つである。

測地　全国的な測地ネットワークの管理、現地での測地作業の調整、測地関連の証明

地図製作の規格　採用、施行、監視

全国地図作成　ベースとなる公式地図の提供

e-ガバナンスのエコシステムに欠かせないSDIを構築する際には、現在施行されている一般的な規格・規則・ポリシーに従う必要がある。一部の規格については、政府の規則により強化する、あるいは少なくとも推奨することが望ましい。

- ISO 19115:2003「地理情報メタデータ」
- ISO/TS 19139:2007「地理情報メタデータ－XMLスキーマによる実装」
- オープン地理空間コンソーシアム（OGC）の規格（WMS、WFS、KMLなど）
- 欧州共同体空間情報インフラ（INSPIRE）の指針と方法論（推奨）
- OGC規格に従ったデータサービスやデータ資源
- 全国的な地理投影/座標システムの強化
- 空間データ生成にかかわる全機関による適切なメタデータ管理の導入・維持

エストニアの充実した空間データ・インフラはEUのINSPIRE指令に準拠している。
参照先 http://inspire.maaamet.ee/

住所システム

住所システム（ADS）は、機能的な政府に欠かせない要素である。

ADSは、あらゆる行政単位、インフラ、建築物、あるいはそれらの集合体である住所オブジェクトに対し、統一された形式による明確なIDを提供する。また、記述的な住所情報（家屋番号、街路や都市の名称、郵便番号）を、地理的な座標（点または一定の範囲）や各種登録コード（土地台帳、地籍台帳、建築物登録簿）に結びつける。さらに、現在の住所名と過去に使われていた住所名を相互に関連づける。ADSは、空間データ・インフラ（SDI）に欠かせない要素である。

最新の住所データの管理は、地方政府機関が中心的な役割を担う。それには、既存の住所オブジェクトすべてのほか、地域の土地計画や開発プロセスの過程で生まれた新たな住所の管理も含まれる。

全国的な住所レジストリ（AR）は、住所データのリポジトリ、および関連サービス（住所検索など）の提供手段として機能する。AR管理者は、新規・既存の住所の技術的妥当性を確認する権限を持ち、住所の管理、紛争解決の支援、ARの運用を行う。ARの管理は、国レベルで地図製作や土地台帳管理を行う機関の一部門に任せるのが妥当だと思われる。

住所データ管理はさまざまな分野（歴史的遺産や文化的遺産など）に影響を与える場合があるため、各省庁や機関、市民との協力や相互運用が欠かせない。

ADSについては、e-ガバナンスのインフラや実践に関する一般規則に従うだけでなく、少なくとも以下の点について法律で規定しておく必要がある。

- 住所の規格（形式、構成要素、フォーマット）や住所データ管理の方法（ARの運用）
- 地名の創出や割り当てに関する一般指針
- 多言語サポートや住所翻訳の指針
- 相互運用性

コラボレーションを始めよう

eGAは、住所データのポリシーの作成、法律の立案、啓発イベントや人材養成の計画、住所データに対する認識の向上を支援する。

問い合わせ先@ uuno.vallner@ega.ee

詳細の参照先：エストニア国土局 http://www.maaamet.ee/

ITセキュリティシステム

BY ウーノ・ヴァルネル

情報セキュリティは、データや資産の機密性、完全性、利用可能性を確保するための継続的プロセスである。その目標は、この3つの要素のバランスを取ることにある。

3段階IT基本セキュリティシステムであるISKEが、ITシステムで処理されるデータについて十分なセキュリティレベルを確保する。組織的、物理的（インフラ）、技術的な標準セキュリティ対策により、必要なセキュリティレベルを実現する。

ISKEの装備・開発は、ドイツの情報セキュリティ規格であるIT基本保護マニュアル（ドイツ語ではIT-Grundschutz）に基づいており、エストニアの状況に合わせて修正や追加を行っている。

3段階基本システムとは、3種のセキュリティ要件に対して3種のセキュリティ対策が開発されていることを意味する（データベースや情報システムが異なれば、セキュリティレベルも異なる）。

詳細の参照先 https://www.ria.ee/en/iske-en.html

コラボレーションを始めよう

eGAは、ITセキュリティのポリシーペーパーの作成、法律の立案、イベントや研修の実施、ITセキュリティシステムに対する認識の向上を支援する。

問い合わせ先 @info@ega.ee

ISKE導入プロセスの概要

- データベースのマッピング
- 情報システムやそのほかの情報資産のマッピング
- データベース、情報システム、そのほかの情報資産間のつながりの確認
- データベースに必要なセキュリティの種類やレベルの特定
- 情報システムやそのほかの情報資産に必要なセキュリティの種類やレベルの特定
- 情報システムやそのほかの情報資産に適合するモジュールの特定
- 情報システムやそのほかの情報資産に必要なセキュリティ対策の特定

政府クラウド

BY ウーノ・ヴァルネル

エストニア政府は、情報社会の発展を促すため、クラウドテクロノジーやクラウドソリューションに多大な投資を行ってきた。

エストニアの「Digital Agenda 2020」には、クラウドが将来のe-ガバナンスの主流になると記されている（Digital Agenda 2020 for Estonia）。

エストニアは政府クラウドを通じ、公共機関など重要なサービスの提供者に便利で安全なクラウドソリューションを提供することを目指している。いずれは、エストニアの分散型ITインフラや安全なデータ交換プラットフォームに支えられ、政府クラウドソリューションが広範囲に導入されるだろう。

政府クラウドは、国家情報通信財団により管理され、国家情報通信財団、Cybernetica社、Dell EMC社、Ericsson社、OpenNode社、Telia社などの合弁企業により構築が進んでいる（Riigipilv 2016）。

クラウドテクノロジーの利点：

1. ハードウェアやソフトウェアへの投資が節約でき、公共機関の運用効率が高まるため、公共セクターのコストパフォーマンスが向上する。

2. 公共サービスが政府クラウドを通じて統一化され、個々の機関に依存しなくなるため、公共セクターの情報セキュリティ能力が向上する。

3. サービスの質にばらつきがなくなる。

4. 時期的に利用が集中する場合（所得税申告など）でも、途切れることなく高品質のサービスを提供できる。

5. 新たなテクノロジーの早期導入やイノベーションをサポートする。

6. サーバーハウジング・テクノロジーの専門知識に容易にアクセスできるようになり、情報システムのホスティングや管理に関する能力が向上する。

7. エネルギー効率がよく、環境に優しい。

(Estonian Government Cloud Conception 2015, Riigipilv.ee)

KSIブロックチェーンの概要

KSIブロックチェーン

guardtime
guardtime.com
15 November 2012 00:00:00 UTC

AAAAAA-CQUQYI-AAK2DT-RQBJE5
SXH2ZR-KGJEEG-KZQCPT-WX2QEK
DI3PSE-MJ3MSX-MUNKOV-LJIDAK

データ

ハッシュ関数

登録の証明

ブロックチェーン

BY リスト・ハンセン

エストニアは、世界で初めてプロダクションシステムにブロックチェーン技術を配備した国家である。

エストニア政府がこのテクノロジーの研究に着手したのは2008年——ビットコイン白書で「ブロックチェーン」という言葉が初めて使われるよりも前のこと。そして2012年以降、エストニアでは国内の各種データ、e-サービス、スマートデバイスを保護するために、公共と民間の両セクターでブロックチェーン技術が活用されてきた。

エストニアで用いられているのは、Guardtime社が開発した「KSI（キーレス署名インフラ）ブロックチェーン」という技術である。政府のシステムとKSIブロックチェーンの相互連携は、「電子証明」によって成り立っている。これは、デジタル資産（データとして記録されるもの）のハッシュ値をもとに、ブロックチェーンをベースにした電子署名を生成することで、データの完全性、時刻、帰属性（電子署名の生成者）の暗号化された証拠を提示するというものだ。このアプローチのおかげで、データがブロックチェーン形式で保存されず、プライバシーやコンプライアンスに関する懸念が解消されている。

公開鍵暗号インフラ（PKI）のように「非対称鍵暗号」を用いる従来の電子署名方式とは違い、KSIに必要なのは「暗号学的ハッシュ関数」のみである。そのためKSIにおける認証は、「ハッシュ関数」の安全性が確保され、「分散型台帳（ブロックチェーン）」が利用できる状態にありさえすればいい。ブロックチェーンとは、分散型のデータ記録技術であり、新しいデータを暗号化して積み重ねていく「アペンドオンリー（追記専用）」のシステムである。新たな入力を行う際には、分散型コンセンサス・プロトコル（合意形成システム）が用いられる。

エストニア政府においてKSIブロックチェーンが担う2つの役割：

1 **サイバーセキュリティの向上**：KSIブロックチェーンで登録された資産は、やがてステータスが確定され、大規模な再検証システムを通してモニターされることになる。これにより、政府は正確な状況把握が可能になり、またわずかな改ざんの試みも察知できる。

2 **監査能力の向上**：KSIブロックチェーンによる登録は自立的に検証され、信頼のおける機関が検証する必要がない。そのため、ブロックチェーンはコンプライアンスの確保と信頼性の向上のための効果的なツールになる。KSI署名には有効期限がないため、データの真正性がほぼ永久的に証明される。

ブロックチェーンは「信頼性」を生み出す技術だ。KSIブロックチェーンによって、個人のデータが悪用されていないことを保証することができる。ブロックチェーン技術によって、以下が特定できるようになる

- 個人の電子医療データを閲覧あるいは変更した者、またその日時
- e-ビジネス・レジストリ上の企業情報に変更が加えられた日時とその理由
- e-土地登記簿上の不動産情報およびe-司法システム上の陳述記録に変更を加えた者やその日時、変更内容

政府にとって不可欠なサービスプロバイダーであるエストニア情報システム局は、X-Roadインフラを経由したKSIブロックチェーンへのアクセスを各行政機関に保証する。ブロックチェーン技術によって管理される国内データとしては、医療登録、資産登録、企業登録、相続登録、デジタル司法システム、政府の公告や公報などの情報がある。

また、ブロックチェーン技術はサイバーセキュリティ向上のために、防衛産業や航空宇宙産業、さらには保険産業や電気通信産業といったさまざまなセクターで活用されている。Guardtime社の顧客および提携先には、諸外国政府をはじめ、Ericsson社、Lockheed Martin社、Maersk社などがある。

e-ガバナンス における法律

BY カトリン・ニューマン=メトカルフ

e-ガバナンスで定められる規則は、テクノロジーそのものへの規制を最小限に抑えながら、取引の特性やデータの機密性に対応できるものでなければならない。法律業務において重要なのは、現在の法律を分析してその欠点を明らかにするだけでなく、e-ガバナンスの発展を妨げている法律がないかを確かめる

ことである。とはいえ、電子身分証明書や電子署名などに関しては特別な規則が必要になる。非バーチャルで紙ベースの世界には、それらと同じ役割を果たすものが存在しないからだ。また、電子化がもたらす明らかな課題や、非バーチャルな世界でも懸念されてきた課題に関して、新たな規則を設けなくてはな

e-ガバナンスでは、その特性に合わせた包括的な法制度を定める必要はない。実際、法や規則を数多く定めることには危険がともなう。国家の意思決定プロセスが複雑化したり、テクノロジーの発展に必要な「柔軟性」がなくなったりする恐れがあるからだ。

らない場合もある。たとえば「有効な電子署名の形式」といった課題についてだ。さらに、データ保護に関する法律には特に気をつけなくてはならない。一般的に、電子データは安全性が低いと見なされているためである。この認識が正しいかどうかはさておき、実際にデータ保護に関する法律がないと、国民が電子取引に対して警戒心を抱いたり、データセキュリティシステムを不正利用しようとする者が現れたりする恐れがあるだろう。e-ガバナンスにおいては、データ保護のための技術ソリューションとそれを支える法律によって、法律とテクノロジーを相互的に機能させていかなくてはならない。

法律を制定する際には、原案作成の段階で法の専門家の意見を取り入れなければならない。トラブルの発生を回避すると同時に、法律の制定が遅れてe-サービスの施行に影響を及ぼすのを防ぐためだ。過剰規制は避けるべきだが、議論を後回しにしたとしてもリスクは大きくなる。真っ先に対処しなければならない問題は、電子署名と電子文書（電子データ）に法的な効力を持たせることと、その効力を従来の取引の効力と同等のものとして保証することだ。さらに、安全なインターネットアクセスを確保にするためには、各セクター特有の法律から競争法にいたるまで、ICTに関する法律を整備する必要がある。

エストニアでは、e-ガバナンスのための包括的な法制度は整えられてないものの、e-ガバナンスのための法律は数多く存在してい

る。以下に挙げるのは、代表的な法律とさまざまな措置、さらにそこでeGAが果たす役割である。まず、e-ガバナンスの法律の基盤となる基本理念について概説し、具体的な法律をいくつか紹介する。どこの国でも、「伝統」「国家構造」「（EUなどの地域統合体をはじめとする）国際機関との関係」などを考慮に入れた独自の法制度を備えている。デジタル社会へ移行したとしてもこうした根幹が変わるわけではないが、国を問わず、その移行にともなって対処しなければならない問題が存在する。「他国もエストニアの法律を模倣すべき」といいたいわけではないが、エストニアの法律を見れば、e-ガバナンスへ移行するためにはどのような問題に向き合わなければならないのかがわかるはずだ。

基本理念

以下は、e-ガバナンスの法律に関する基本理念をまとめたものである。

- 意思決定が複雑化する恐れがあるため、過剰な規制をしてはならない。
- 確実にe-ガバナンスに移行するには、現行の法律を見直すことが不可欠である。
- 改革の実施、サービスの質や利便性の監視、苦情対応などに責任を持つ機関を、法的に明確にしておくことが重要である。
- データ保護に関する規定とその実施様式は明文化する必要がある。
- 法律によって、オンライン身分証明書のセキュアな方式を定めなければならない。

- インターネットアクセスの安全性を保証するために、（業界全般および特定分野における）競争法と情報通信技術（ICT）法は重要である。
- e-ガバナンスは、情報へのアクセスを向上させ、民主政治への参加を促進する重要なツールになる。しかし、e-ガバナンスのテクノロジーはあくまでも「ツール」であり、情報アクセスや政治参加を支える決定的な要素ではない。

エストニアの法律の例

アーカイブ（公文書）法

この法律では、従来の公文書に関する規則と同じように、公文書の収集、評価、保管、保護、そして利用についての原則を規定している。加えて、公文書として保管される個人記録の扱いや、その所有権の移転についてのガイドラインも定めている。このアーカイブ法は、電子文書を含むあらゆる形式の公文書に対して適用される。

電子取引のための
電子本人確認および
トラストサービス法

この法律は、電子取引における電子本人確認とトラストサービスの効力、そして監視機関の権限が及ぶ範囲を、eIDAS（2014年9月10日にEUが制定した電子本人確認と電子取引に関する規定）の対象外まで広げるものである。eIDASは1999年9月3日のEU指令に代わって制定され、それによってエストニアの法律もまた改正された。EUの規制は加盟国すべてに対して適用される。つまり現在、エストニアの電子署名に法的効力をもたせ、また電子署名とトラストサービスに関する規定を設けているものは、EUが定めたeIDASと、eIDASの対象外の問題を扱うために制定されたこの法律だといえる。

情報公開法

情報公開法は、政府や地方公共団体、そして教育やヘルスケアなどの公共サービスを提供するあらゆる公私法人に対して適用される。国民は情報公開請求を行う権利を持ち、関連情報を保有する機関は請求に応じる義務を負う。さらに、情報を保有する機関はウェブサイトを運営し、関連情報をオンラインで公開しなければならない。公開される情報は「最新・正確・明確」であることが求められる。いまや廃止となった「データベース法」の条項は、現在この情報公開法に受け継がれている。

住民登録法

この法律は、デジタル社会において欠かせない原則、すなわち「個人IDコード」に関する原則を定めている。この法律の条項にもとづき、エストニアの勤労者、居住者、そしてe-レジデントを含むすべての人々には、生涯にわたって効力を持つ11桁の個人コードが付与される。このIDコードは、電子認証を行う際に欠かせないものである。電子取引の場だけでなく、身分証明が必要なあらゆる場面で同じコードが用いられる。つまり、エストニアの国民一人一人が個人IDコードを所持している。

e-ガバナンスの観点から情報公開法が規制を定めている分野：

- 国内情報システムの管理（情報システム局）
- X-Road情報システムによるデータ交換レイヤー（詳細はX-Road規制によって定められている）
- その他の情報システムのセキュリティ措置

身分証明書法

この法律では身分証明書の所持義務と、エストニア国民と外国人に対する正式な身分証明書の発行について定めている。前述した通り、この身分証明書は電子取引を含むさまざまな場で利用することができる。

個人情報保護法

この法律は、個人情報の処理において、国民の基本的な権利と自由を保護するためのものである。保護システムの基盤となるのは、情報処理の場に設けられた「独立した監査役」と「明確な規定」だ。2018年5月、EU一般データ保護規則（GDPR）2016/679が新たに施行された。この規則はただちに適用されたが、現在は新たなデータ保護規則に取って代わられている。2018年末に、GDPRでは対応しきれなかった問題を扱うための新しい規則がエストニアで施行されたからだ。この新たな規則は、国民のプライバシーを重視して個人情報の保護に焦点を当てているため、より電子データに適したものといえる。だがデータの形式にかかわらず、その「一身専属性」に関する問題については今後も議論を重ねる必要がある。

公共調達法

公共調達法では、公共調達に関する電子ソリューション（e-オークション、ダイナミック購買システム、e-カタログなど）のさらなる発展のために数々の規定を設けている。

非常事態法

この法律は、危機管理に関する法的基盤である。非常事態下でも生活に必要なサービスを受けられることを保証すると同時に、緊急事態に向けた準備と対応策についての規則を設けている。また、非常事態の宣言と終結に関する規則や、事態の鎮静化、救護活動、安全確保を行うための国防軍・防衛同盟の参入に関する規則も定めている。

電気通信法

この法律の目的は、ユーザーの権利を確実に保護しながら、電気通信ネットワークとサービスの発展に向けた基盤を構築することである。電気通信法では、ネットワークとサービスの公共利用に関する要求を行うとともに、国家はその要求事項が遵守されているかどうかを監督する義務を負うと定められている。またこの法律は、セクター特化型の競争法としての役割を果たしている。

情報社会サービス法

この法律は、欧州域内市場における情報社会サービス（特に電子商取引に関するもの）の法的側面についてのEU指令「2000/31/EC」にもとづいて制定されている。これはサービスの提供者と、監視や違反取締りを行う機関に対する規則を定めている。

国家機密および諸外国の機密情報保護法

この法律は、エストニア共和国のセキュリティと外交関係を守るためのものである。自国および諸外国の機密情報が開示されたり、権限を持たない者にアクセスされたりしないように規則を定めている。

コラボレーションを始めよう

eGAは、e-ガバナンスに必要な法規の分析から制定までをサポートしている。

e-ガバナンス化のための最初のステップは、現行の法律（そこから派生する条例等も含めて）を総合的に見直すことにある。この作業は、eGAの法律分野の専門家の監督のもとに、それぞれの国の専門家が行うべきものである。主な目的は、e-ガバナンスの各種サービス（電子署名、電子文書、相互運用可能なデータベース制度など）のスムーズな導入のために、どの分野の法律を改正しなければならないのかを明らかにすることだ。理想は、こうした法律分析を技術計画と並行して進めることである。法律を整備することで、技術面の欠点を補完できるからだ。包括的な法律分析によって、現行の法律を俯瞰し、問題点を抽出し、解決策を立案することでき、その結果、法律の改正に向けての一歩を進めることができる。

e-ガバナンスへの移行のために見直さなければならない点（例）：

- 行政法（行政手続き）
- 各政府機関のコンピテンシー
- データ保護法（プライバシーの保護）
- 情報へのアクセス
- 身分証明書法
- ICT法（インターネットサービスの提供など）および免許制度、認定制度
- 競争法
- 公共調達法
- 契約法
- 刑事訴訟法（証拠に関する規則）

e-ガバナンスへの移行を成功させる鍵は、そのさまざまな特性についての責任を持つ「代表機関」を置くことだ。責任の所在が曖昧になったり、論争が起こったりしないよう、代表機関の権限は法律によって定められなければならない。eGAに所属する法律・政策分野の専門家は誰もが、国際的な実地経験にもとづく広範な知識を備えている。高度なデジタル社会へ移行するときには、e-ガバナンスの専門家によるセミナーを早い段階で開催するとよいだろう。

問い合わせ先 @ katrin.nyman-metcalf@ega.ee

機関と組織

BY ラウル・リック

公共セクター

官房

エストニアにおける官房の役割は、政策の立案と実行、および国家の運営に関して、エストニア共和国政府と首相のサポートを行うことである。

e-エストニア評議会

この評議会は、首相主導のもとに情報社会の調和を図るために設置されたものである。エストニアのデジタル社会とe-ガバナンスの発展のための政策（特に国家が定めたデジタル関連の政策）は、評議会の指揮下で行われる。

国家安全保障と防衛調整部門

この部門は、国家安全保障問題（サイバーセキュリティを含む）に関する首相への助言、中央安全保障委員会の管理、国家安全保障と防衛に関する調整を行っている。

経済通信省

経済通信省の主な戦略的目標は、ガバナンスにおける「起業家精神とイノベーションの促進」「効率的で安全な交通システムの開発」「発展し続ける情報社会の構築」「安価で環境に優しいエネルギーの供給」を実現することである。

経済通信省は政策の立案を行い、エストニアのデジタル社会とサイバーセキュリティを発展させる役割を担う。

経済通信省の下に存在するe-ガバナンスとサイバーセキュリティの関連組織：

- エストニア情報システム局
- 技術規制局
- エストニアインターネット財団
- 国家情報通信財団

エストニア情報システム局

国の情報システムの開発と管理を行い、国家が国民に対して最適なサービスを提供できるよう支援する。主に以下の分野において責任を負う。

- 主要な公共インフラの整備
- 国家情報システムの管理システム
- 行政におけるデータ通信
- 国内ポータルサイト eesti.ee
- X-Road データ交換レイヤー
- 文書交換レイヤー
- IT インフラ
- IT ベースラインセキュリティシステム
- コンピュータ・エマージェンシー・レスポンス・チーム（CERT-EE）
- 重要な情報インフラの保護
- 監督業務

技術規制局

技術規制局の役割は、国の経済政策の実行を支援することである。そのために、製造環境、工業機器、鉄道交通、電子通信の分野において「安全性の向上」「限りある資源の有効活用」「製品の信頼性向上」に取り組んでいる。

閣僚会議の様子

情報社会を実現するために技術規制局が責任を負う分野：

- 電子通信製品のセキュリティおよび信頼性の向上
- 証明サービスおよびタイムスタンプサービスの提供者の監督
- 欧州電気通信標準化機構（ETSI）規格の採用
- ルート認証局（EE ルートCA認証センター）の運営

エストニア・インターネット財団

エストニア・インターネット財団は、エストニアのインターネット社会を代表する機関であり、エストニアのトップレベルドメイン（.ee）とサブドメインの管理を行っている。エストニア・インターネット財団の主要業務は以下の通り。

- 国際的な活動においてエストニアのインターネット社会を代表する。
- 国別コードトップレベルドメイン（ccTLD）とその他トップレベルドメイン（TLD）の管理、およびインターネット社会の要望に応じて（エストニア共和国の国益も考慮して）ドメイン登録プロセスの処理を行う。
- ccTLDの規則を実施し、手数料を徴収する。
- ドメイン名レジストリとそれに付随する情報システムを維持し、ドメインの有効性、信頼性、安全性を保証する。

国家情報通信財団

この財団の役割は、公共団体、地方自治体、国家予算によって運営されるその他の団体に対し、一貫性があり、高品質で、セキュアで、コスト効率のよい通信サービスを提供することである。主に以下の分野において責任を負う。

- 公共機関に対して通信サービスを提供し、さまざまな目的に応じた通信を可能にする。
- 無線通信、海上通信、電話サービスを提供する。
- 政府運営のクラウドサービスを提供する。

内務省

内務省とその下部組織は、居住者の安全の保証、国境の警備、治安の維持に努めている。また、アイデンティティ管理政策（e-アイデンティティを含む）の監督、サイバー犯罪やサイバーテロ対策、危機管理に関しても責任を負う。

内務省の下にはe-ガバナンスとサイバーセキュリティに関連する以下の組織が存在する。

- 警察・国境警備隊
- エストニア国内セキュリティサービス
- IT開発センター

警察・国境警備隊

警察・国境警備隊の役割は、EU非加盟国との国境の警備、国籍付与の採決と書類の発行、国内のセキュリティと治安の維持、そして犯罪の調査と予防である。

情報社会における主な業務は以下の通り。

- 身分証明書システムの管理、および一般国民のe-アイデンティティ制度の維持
- サイバー犯罪およびサイバーテロの調査
- デジタル鑑識の活用
- 「ウェブポリス」を利用する、子供と大人双方に向けたインターネットセキュリティ教育

IT開発センター

IT開発センターの役割は、内務省とその下部機関の通信環境、情報システム、そして情報サービスを整備し、その発展と維持を行うことである。このセンターはエストニアの住民登録の管理も行っている。

エストニア国内セキュリティサービス

このサービスの役割は、情報収集を通じたセキュリティ維持、予防措置の実施、犯罪の調査など多岐にわたる。とりわけ情報社会において重要とされる機能の1つが、自国と諸外国の機密情報を扱う人々の身元調査である。

エストニアIDカードにはさまざまな役割があり、運転免許証としても利用できる。

国防省

　国防省の任務は、エストニアへの攻撃の抑止、および外部からの攻撃に対する防衛力の確保を通じて、国家の防衛体制を監督することである（サイバー攻撃に対する防衛も含む）。

　国防省の下にはe-ガバナンスとサイバーセキュリティに関連する以下の組織が存在する。

- 国防軍（サイバー活動に従事するサイバー軍を含む）
- 防衛同盟（ボランティア制のサイバー防衛部隊を含む）
- 情報局

国防軍

　エストニア国防軍の目的は、国家の主権と独立性を保持し、国土を保全し、領海、領空、サイバースペースを守るために国家戦力の発展と維持に努めることである。

- エストニア国防軍は、ICT活動に従事するサイバー軍を有する
- エストニア国防軍は、NATOサイバー防衛協力センターを運営している

防衛同盟

　エストニア防衛同盟（国防軍の一部）は志願制の兵士により編成された国家防衛組織であり、国防省の傘下で活動を行っている。

　エストニア防衛同盟サイバー部隊（EDL CU）は、エストニアのサイバースペースを守ることを目的とするボランティア組織である。サイバー部隊は、国の重要なポストに就くサイバーセキュリティの専門家、ITスキルを備えた愛国心ある民間人（サイバーセキュリティの知識を備えた若者も含む）、その他サイバーセキュリティに通じる各種専門家（弁護士や経済学者など）から構成される。

対外情報庁

　対外情報庁の目的は、非軍事的な防衛手段によって憲法秩序を保ち、国家の安全を保障することと、セキュリティ政策の制定や国家の防衛のために必要な情報の収集・処理を行うことである。

　対外情報庁は、電子化された国家機密を扱うシステムの管理も行っている。

法務省

法務省の役割は、国家の法制度に関わる政策を策定し、e-ビジネス・レジストリをはじめとする国内の登録簿を管理することである。

法務省の下には、電子政府とサイバーセキュリティに関連する以下の組織が存在する。

- 登録情報システムセンター
- データ保護検査局
- エストニア科学捜査研究所

登録情報システムセンター

登録情報システムセンターの目的は、法務省の権限において革新的な環境を整備し、各種e-サービスの連携を強め、より効率的な行政、法政策、刑事政策を実現することである。

本センターは、国家と国民にとって欠かせない登録簿と情報システムの作成および管理を担っている。たとえば、e-ビジネス・レジストリ、e-公証システム、e-不動産登記簿、裁判所情報システム、保護観察対象者名簿、受刑者・レジストリ、犯罪歴データベース、e-ファイル、e-公報など。

エストニア科学捜査研究所

エストニア科学捜査研究所の主な目的は、刑事事件における犯罪科学の活用、犯罪科学技術の向上、警察機関を対象とした犯罪科学研修の実施、犯罪科学に関連する問題の協議、さらに国家のデータベースと登録簿の管理である。

本研究所は、専門家によるITコンサルティングも行っている。

データ保護検査局

データ保護検査局は、データ保護の権利と義務の観点から、公私法人の監督を行う独立組織である。

データ保護検査局は私たちの憲法上の権利を保護している。

1. 公的機関の活動に関する情報を入手する権利
2. 個人情報の利用における私生活・家庭生活の不可侵権
3. 自身に関連する各種情報にアクセスする権利

教育研究省

教育研究省の使命は、教育政策の実施において調和を図り、必要な教育基盤を整え、革新と発展の社会に生きるすべてのエストニア国民が生涯にわたり学習を続けていける環境を守ることである。

教育研究省は、国内のIT教育戦略を策定し、エストニアの教育システムのあらゆる段階にIT教育を結びつける役割を担っている。

教育研究省の下には、電子政府とサイバーセキュリティに関連する以下の組織が存在する。

公文書保管局

公文書保管局の主な役割：

- 国内の電子記録管理の作成に携わる。
- デジタルアーカイブの開発と運用を行い、その潜在力を十分に引き出す。

エストニアのICT関連組織

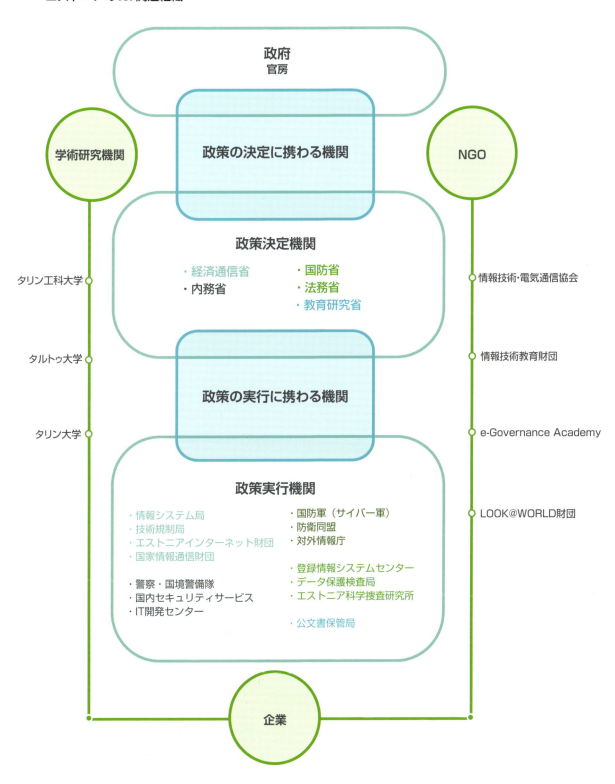

非政府組織（NGO）

エストニア情報技術・電気通信協会

　エストニア情報技術・電気通信協会は、エストニアの情報技術・電気通信関連企業を団結させ、より高度な情報社会に向けての連携を強めることを目的としたボランティア組織である。協会はそれぞれの企業の意思を代弁し、保護するとともに、協会の総意を世に発信する役割を担う。

　本協会の活動には、情報通信技術（ICT）の普及促進、職業訓練の奨励、法律の改正なども含まれる。

情報技術教育財団（HISTA）

　本財団は、教育における情報通信技術の利用を促進し、高い能力を備えたIT専門家の養成を支援する。

　HISTAは、すべての教育段階において、経済と社会の発展のために求められるデジタルスキルを学習者に習得させるとともに、ICTの持つ潜在力を指導・学習の場で有効に活用し、あらゆる段階の教育の質を向上させる役割を担う。

eGAを訪れたエストニア情報技術・電気通信協会員たち

e-Governance Academy（eGA）

　eGAは、e-ガバナンス、e-デモクラシー、国家のサイバーセキュリティに関して、知識の創造と伝達、さらには実地研修を行い、よりオープンな情報社会を実現するために創設されたシンクタンク兼コンサルティング組織である。

　eGAは、より効率的で民主的な政治プロセスを促進するために、各国政府の指導者とステークホルダーに対して、情報通信技術（ICT）の研修や助言を行う。加えて、IT企業と提携し、e-ガバナンス技術を活用した問題解決の取り組みを支援する。

eGA創設者のアイヴァー・タッロ氏、アンツ・シルド氏、リンナー・ヴィーク氏

Look@World財団

　本財団の使命は、インターネットとICTの利用を奨励し普及させることによって、教育、科学、文化を支え、公共の利益のために尽くすことである。そうした活動を通じて、財団はエストニア国民の生活の質と、ヨーロッパにおけるエストニアの競争力を向上させることを目指している。財団の行う事業は、ICTスキルの習得、ICTにかかわる課外活動、ICTの安全利用に焦点を当てている。

エストニアの
ICTビジネス
クラスター

エストニアICTクラスターは、エストニアのICTにおける協力・開発を支えている中心的存在である。エストニアICTクラスターは企業間の連携プラットフォームであり、新製品やソリューションを開発すること、および国際市場への輸出を促進することを目的としている。

　クラスターに所属する企業はいずれも、革新的な製品を開発し、エストニアが世界に誇るICTソリューションを実践してきた。それぞれの現場では、「効率性」と「創造性」、そして「やればできる」という姿勢が重んじられている。

ICTセクターの全労働者の
49%
がクラスター所属企業に勤務している

クラスター所属企業の顧客は
115ヵ国
に存在する

エストニアのICTセクターの総売上高の
75%
はクラスター所属企業による

エストニアICTクラスターが提供するサービス：
- 企業間のダイナミックなネットワークへのアクセス
- 革新的なe-ソリューションの開発者との知識・経験の共有
- 企業間のマッチング
- 技術と能力を備えた人材へのアクセス

エストニアICTクラスターが対応できる分野の例：
- e-工業
- e-ガバナンス・ソリューション
- スマート道路交通システム
- サイバーセキュリティ
- モノのインターネット（IoT）

詳細の参照先：
🌐 www.itl.ee/cluster 🌐 www.e-estonia.com

e-estonia　ESTONIAN ICT CLUSTER

Investing in your future

European Union
European Regional
Development Fund

学術研究機関

タリン工科大学

　タリン工科大学（TalTech）は、工学技術の分野においてエストニア随一の研究機関である。この大学ではさまざまな分野の学問（工学、自然科学、精密科学、経済学、健康科学）が結びつき、新しいアイデアが生まれている。バルト海地域を代表する科学技術系大学として世界的にも評価されている。

　TalTechには情報技術の学部があり、以下の下部組織を統括している。

- コンピューターシステム学科
- ソフトウェアサイエンス学科
- ヘルスサイエンス学科
- トマス・ヨハン・ゼーベック電子工学科
- ITカレッジ

タリン大学

　タリン大学は、タリン最大の人文科学系大学で、エストニアで3番目に大きい公立大学でもある。学生数は9000人（うち5.5％は留学生）を超える。教育分野のイノベーション、デジタル・メディア文化、文化競争力、健康で持続的なライフスタイル、社会とオープンガバナンスといった学際的な領域にも力を注いでいる。

　タリン大学にはデジタル技術学科があり、以下の5つの研究分野を扱っている。

- デジタルラーニング・エコシステム
- 情報科学
- ヒューマン・コンピュータ・インタラクション（HCI）
- 数学および数学教授法
- 応用情報学

タルトゥ大学（UT）

　タルトゥ大学は、エストニアを代表する研究・教育機関である。エストニアの文化と伝統を受け継ぎながら、研究と高等教育の両面で高い評価を獲得している。世界大学ランキングでは上位2％に位置づけられている。

　科学技術学部には、情報社会の発展に関連する2つの研究所がある。

- コンピューターサイエンス研究所
- 数学・統計学研究所

　さらに、社会科学部のヨハン・スクデ政治科学研究所は、インターネット投票の台頭による影響を調査し、ICTが社会にもたらす変化を研究している。

一般教育におけるICT

BY マリリー・ヘンドリクソン

1997年、エストニアは「タイガーリープ計画」を通じて、一般教育の場でのICT利用を促進した。これにより、学校にはICT機器が導入され、インターネット回線が引かれた。教師陣に対してはICT関連の研修が行われるようになり、教育と学習のためのソフトウェアの開発がさかんになった。2012年には、生徒たちの技術リテラシーとデジタル活用能力を向上させるために、「ProgeTiiger（プログラミング・タイガー）」と呼ばれるエストニアの新たな技術教育計画が始まる。この計画は、幼稚園や小学校、職業訓練校のカリキュラムに技術的な教育を取り入れ、教師陣にはデジタル教材と研修の場を提供し、一方で保育園や学校に対してプログラミング用のデバイスを購入できるように財政支援を行うというものだった。2016年、欧州委員会はエストニアのProgeTiiger計画を「デジタルスキル・ベストプラクティス賞」の最終候補にノミネートした。

ヨーロッパの教育情報ネットワーク「Eurydice」が発行した『Key Data on Learning and Innovation through ICT at school in Europe（ヨーロッパのICT教育に見る学習と革新のキーデータ）』は、エストニアの国家戦略について「学校の授業、e-ラーニング、デジタルメディアリテラシーにあらゆるICTツールを取り入れるだけでなく、研修制度も充実させている」と評した。エストニアの小学校と中・高等学校では、ICTはあらゆる教科で役立つ基本的な学習ツールとして使用されている。また、ICTの利用を促進するための官民提携も広く奨励されている。さらに、中・高等学校ではICTは独立した科目になっている。

ICTの利用率についていえば、エストニアの教員の大半がおよそ10年にわたってICT教材を使ってきた。彼らのICT利用率は、おおむねEU加盟国の教員たちの平均を大きく上回っている。その結果、エストニアの教員のICT利用率は、すべての学年においてヨーロッパの30ヵ国のなかで最も高い（Survey of Schools 2013より）。

その結果、エストニアの教員のICT利用率は、すべての学年においてヨーロッパの30ヵ国のなかで最も高い（Survey of Schools 2013より）。

生涯学習としてのIT教育

エストニアの電子社会の発展に大きく貢献した機関の代表として、Look@World財団が挙げられる。この財団は、エストニアの民間セクターからの手厚いサポートを受け、国民のデジタルスキル向上のために幅広い活動を行っている。

　Look@Worldの研修制度は多岐にわたる。若者、高齢者、失業者までをも含む「総人口の10％」を対象に、基本的なコンピュータの知識から国のe-サービスの利用方法にいたるまでさまざまな指導を行っている。さらにこの財団は、国内500ヵ所に公共のインターネットアクセスポイントを設置することで、国民が新しいスキルを存分に活かせるよう促した。それから10年、いわゆる「スマートデバイス時代」に突入するとともに、「モバイルデバイスの安全利用」と「モバイルe-サービスの発達」という2つの分野は、スマートデバイスのユーザー、開発者、小売店のおかげで大きく進歩した。

　その飛躍的な進歩の裏で、エストニアのe-ガバナンスにはまだまだ改善の余地がある。たとえば、公共のe-サービスの利用において、IDカード（モバイルID、スマートIDを含む）のユーザーをいかに増やすか、あるいはデジタルテクノロジーをいかに日常の仕事に結びつけるか、さらには、中高年層が情報処理やデジタル技術を活用するスキルをいかに向上させるか、といったことである。2017年、こうした問題に対処するために「国家デジタルスキル・ジョブ連盟」が設立された。連盟の会員たちは、今後も国民と勤労者のデジタルスキル向上のためにさまざまな活動を行っていくだろう。（Vaatamaailma.ee 参照）

デジタルスキル向上のための活動

Look@Worldのトレーニングプログラム

2002年から2004年にかけて、計10万2697人（エストニアの成人人口の10%）がコンピュータの基礎トレーニングを無償で受けた。その結果、参加者の70%がインターネットを利用するようになった。

カム・アロング！

「カム・アロング！」は、デジタルスキル未習熟者を対象としたモバイルIDとe-サービスの基礎的な指導から、ある程度の習熟者を対象とした高度なインターネット研修までを網羅する研修プロジェクトである。およそ10万人が、一般的な固定型の教室で、あるいはエストニア中を走る移動式の教室（e-バス）でこれに参加した（参加費は無料）。

コンピュータセキュリティ2009

「Arvutikaitse（コンピュータセキュリティ）2009」というプロジェクトによって、インターネットユーザーのセキュリティ意識は高まり、電子サービスを利用する際には強力な認証システムが用いられるようになった。このプロジェクトによって、eIDカードの利用者数は16倍に増加した。

失業者のためのITスペシャリスト研修

失業者たちは、このプロジェクトのために特別に考案された短期研修プログラムに参加した。参加者は全員、ICT関連企業での2ヵ月間のインターンシップを修了しなければならない。彼らのスキルは、IT技術者としての入社試験に合格し、実際の業務の場でも活躍できるほどに向上した。

スキル向上ツアー「Nutituur」

エストニア国内の67以上もの地域でセミナーを行うこのツアーによって、高齢者や地方住民のデジタルリテラシーは高まった。合計でおよそ700人がセミナーに参加し、実践的な課題に取り組んだ。

スマートラボ

「スマートラボ」プロジェクトによって、課外活動としてのICTネットワークがエストニア全域に張り巡らされた。あらゆる年代の生徒に、将来のキャリアパスの1つにICT技術者という職業があることを意識してもらうためである。生徒たちはスマートラボを通じて、ロボット工学やプログラミング、ウェブデザイン、モバイルアプリなどの開発に携わることができる。

Nutikaitse（スマートセキュリティ）2017

このプロジェクトにより、各種スマートデバイスの安全性が向上し、セキュアなソフトウェアソリューションがより身近で扱いやすいものになった。またアプリケーションの開発に際して、安全性に関するガイドラインが設けられた。

国家デジタルスキル・ジョブ連盟

この連盟は、国民と勤労者のデジタルスキル向上のために、政府と非営利組織が民間セクターと提携して創設した。（Vaatamaailma.ee 参照）

2002年以降、国民の

10%

がデジタルスキル向上のための
プロジェクトに参加してきた

e-Governance Academy (eGA)

eGAは、e-ガバナンスやe-デモクラシー、オープンな情報社会、国家サイバーセキュリティの発展のために、知識と実地経験の機会を創出し、広く提供しています。

　私たちの強みは、メンバーである専門家たちの「幅広い国際経験」と、長いあいだ公共セクターでICT開発に携わってきた「実績」です。

　私たちの使命は、各国のあらゆる行政機関の指導者とステークホルダーに対し、情報通信技術（ICT）に関する研修を実施したり、適切な助言を与えたりすることで、より効率的な政府とよりよい民主主義を実現することです。さまざまなIT企業との密な連携を通じて、e-ガバナンスのための技術的ソリューションを提供していきます。

　私たちは長年にわたり、数々の著名な機関と契約を結び、責務を果たしてきました。これまでのパートナーとして、オープン・ソサエティ財団、国連開発計画（UNDP）、世界銀行、スウェーデン国際開発協力庁（SIDA）、アメリカ合衆国国際開発庁（USAID）、欧州委員会（EC）などの国際機関や、アルメニア、フェロー諸島、ケイマン諸島、キプロス、ジョージア、キルギス、モルドバ、ナミビア、ウクライナ、セルビアなどの国家政府、ほかにも多くの国際機関や企業が挙げられます。

eGAのコア・コンピテンシー

電子政府におけるデジタルトランスフォーメーション

　eGAはデジタルトランスフォーメーションのあらゆる側面において、政府指導者たちの意識とスキルを向上させる役割を担います。そのために、デジタルトランスフォーメーションに関連する政策を分析し、必要な措置（政府による支援、組織・経営のフレームワーク、法規制、ICT政策のための予算、e-ガバナンスの相互運用性や構成の基本理念など）を講じていきます。また、e-ガバナンスを駆使したソリューションの実施を支援します。

e-デモクラシーとe-市民参加

　私たちは、より透明性が高く、わかりやすく、参加しやすいガバナンスの実現に向けたサポートを行います。

地方公共団体におけるデジタルソリューション

　eGAは、地方公共団体がどのようにe-行政、公共e-サービス、e-デモクラシーの発展にかかわっていけばよいかを説明します。

国家サイバーセキュリティとフレームワーク

　eGAは、研修と技術支援を通じて、現在のデジタル社会に潜むリスクについて政府の理解を深め、現在必要なサイバーセキュリティ政策や戦略を策定するためのサポートを行います。

問い合わせ先 @ info@ega.ee
詳細の参照先 ega.ee/

［参考文献］

- Alvarez, R., Hall, T., and Trechsel, A., (2009). Internet Voting in Comparative Perspective: The Case of Estonia. PS: Political Science and Politics, 42(03):497–505.
- Andmevara. Information about KOVTP and VOLIS. (www) http://www.andmevara.ee/en/web/eng/products (03.02.2018).
- Certification Centre. (www) https://sk.ee/en (03.02.2018).
- Cybernetica. (www) https://cyber.ee/en/ (03.02.2018).
- Digital Agenda 2020, (2013). Ministry of Economic Affairs and Communications. (www) https://e-estonia.com/wp-content/uploads/2014/04/Digital-Agenda-2020_Estonia_ENG.pdf, p. 11 (03.02.2018).
- Digital Signatures Act. (2000). – Riigi Teataja, I, 26, 150. (www) https://www.riigiteataja.ee/en/eli/ee/Riigikogu/act/530102013080/consolide (03.02.2018).
- Eesti.ee, (2018) Estonian State portal. (www) https://www.eesti.ee/eng/topics/citizen/riigiportaali_abi/ametliku_e_posti_seadistamine (03.03.2018).
- Estonian Interoperability Framework (2011). Ministry of Economic Affairs and Communications. (www) www.mkm.ee/sites/default/files/interoperability-framework_2011.doc (03.01.2018).
- e-Estonia.com. (www) https://e-estonia.com/components/ (03.02.2018).
- e-Estonia.com. (www) https://e-estonia.com/component/x-road/ (03.02.2018).
- e-Estonia.com. (www) https://e-estonia.com/component/digital-signature-digidoc/ (03.02.2018).
- e-Estonia.com. (www) https://e-estonia.com/e-Residents/about/) (03.02.2018).
- e-Estonia.com. (www) https://e-estonia.com/solutions/e-governance/i-voting/ (05.02.18)
- e-Estonia Showroom. What is e-Residency? (www) https://e-estonia.com/component/e-Residency (03.02.2017).
- Estonian Cooperation Assembly (2013). About the Estonian People's Assembly in 2013. (www) https://rahvakogu.ee/peoples-assembly-in-2013/ (01.01.2019).
- Estonian National Electoral Committee. (www) http://vvk.ee (03.02.2018).
- Estonian Police and Border Guard Board. ID card for an adult. (www) https://www.politsei.ee/en/teenused/isikut-toendavad-dokumendid/id-kaart/taiskasvanule/index.dot (03.02.2018).
- Estonian Police and Border Guard Board. Application for e-Resident's digital identity card. https://www.politsei.ee/en/teenused/isikut-toendavad-dokumendid/e-residendi-digi-id/ (www) (03.02.2018).
- European Commission. (2014). Trust Services and e-ID. Regulation (EU) No 910/2014. (www) https://ec.europa.eu/digital-single-market/en/trust-services-and-eid (03.02.2018).
- Formation and Distribution Procedure of National Identification Number (Isikukoodide moodustamise, väljajagamise ja andmise kord). (2005) – Riigi Teataja 13,115. (www) https://www.riigiteataja.ee/akt/12862791 (03.02.2018).
- Freedom on the Net 2018: Estonia country profile (2018 https://freedomhouse.org/report/freedom-net/2018/estonia). Freedom House report. (www) https://freedomhouse.org/report/freedom-net/2018/estonia (12.12.2018).
- Information System Authority. (2018). Public Key Infrastructure PKI. (www) https://www.ria.ee/en/public-key-infrastructure.html (03.02.2018).
- Krenjova, J. (2017) Participatory Budgeting: Theoretical Models and Applicability in Estonia and Beyond. Tallinn University of Technology Doctoral Theses. Tallinn: TTÜ Press.
- Krenjova, J. and Raudla, R. (2017) Policy Diffusion at the Local Level: Participatory Budgeting in Estonia. Urban Affairs Review 54.2 (2018): 419-447.
- Krenjova, J. and Reinsalu, K., (2013). Good Governance Starts from Procedural Changes: Case study of Preparing Participatory Budgeting in the City of Tartu. Socialiniai Tyrimai, 2013(3).

- *MKM (2011). Interoperability of the State Information System: Endorsed with the Directive of the Minister of Economic Affairs and Communications 11-0377, 22.12.2011, Framework, Version 3.0. (www) https://www.mkm.ee/en/objectives-activities/information-society/state-information-system (12.12.2018).*
- *Ministry of Economic Affairs and Communications. Authorities within the administrative area of the ministry. (www) https://www.mkm.ee/et/ministeeriumi-haldusala (03.02.2018).*
- *Ministry of the Interior. Personal Identification Documents and Identity Management. (www) https://www.siseministeerium.ee/en/activities/personal-identification-documents-and-identity-management (03.02.2018).*
- *Mägi, A. (2003) Tiger Leap Program as a Beginning of 21-st Century Education. (www) http://www.ut.ee/eLSEEConf/Kogumik/Magi.pdf (03.02.2018).*
- *OECD Public Governance Reviews: Estonia. (2015) (www) https://www.oecd.org/gov/key-findings-estonia.pdf (03.02.2018).*
- *Open Government Partnership. (www) http://www.opengovpartnership.org (03.02.2018).*
- *Project "Today I Decide". (www) http://tidplus.net (03.02.2018).*
- *Police and Border Guard Board. (www) https://www.politsei.ee/en/ (03.02.2018).*
- *Reinsalu, K., Dobnikar, A. (2012) e-Democracy in policies and practices in transition society – country cases from Slovenia and Estonia, Paper proposal for European Conference on e-Governance 2012, 14-15 June, Barcelona, Spain.*
- *Riigipilv (2016). (www) http://riigipilv.ee/ (03.02.2018).*
- *SK ID Solutions. (2016). DigiDocService – what is it? (www) http://www.id.ee/?id=35785 (03.02.2018).*
- *SK ID Solutions. Digital signing and digital stamping. (www)*
- *http://www.id.ee/index.php?id=35738 (06.02.2018).*
- *SK ID Solutions. (2013). Estonian Electronic ID card application specification. (www) http://www.id.ee/public/TB-SPEC-EstEID-Chip-App-v3_5-20140327.pdf (03.02.2018).*
- *SK ID Solutions (2018). (www) https://www.id.ee/?lang=en (12.12.2018)*
- *SK ID Solutions. Cost-benefit analysis of digital signing: Extensive use brings remarkable financial benefits. (www) https://sk.ee/en/useful/digitalsigning/ (03.02.2018).*
- *SK ID Solution's Digital signature cost-profit calculator. (www) http://eturundus.eu/digital-signature/ (12.12.2018)*
- *SK ID Solutions. ID software architecture document (www) http://www.id.ee/index.php?id=37002 (03.02.2018).*
- *SK ID Solutions. Security. (www) http://mobile.id.ee (03.02.2018).*
- *Statistics Estonia. Minifacts about Estonia 2017. (www) https://www.stat.ee/publication-download-pdf?publication_id=44619, p. 20.*
- *Statistics Estonia 2018. Republic of Estonia 100. Statistical Album. (2018) Compiled by Servinski, M., Kivilaid, M. and Tischler, G., Internet connection at home, p. 53.*
- *Survey of Schools 2013, ICT In Education (2014). The European Schoolnet Academy. (www) https://ec.europa.eu/digital-single-market/sites/digital-agenda/files/KK-31-13-401-EN-N.pdf.*
- *Toots, M. (2015) Understanding the failure of e-Participation Projects: Case Study of Estonia's Citizen Participation Portal osale.ee. Master Thesis, Tallinn University of Technology.*
- *Vaatamaailma. (www) http://vaatamaailma.ee/en (11.03.2018).*
- *X-Road fact sheet. (www) https://www.ria.ee/x-tee/fact/#eng (03.02.2018).*

監訳者あとがき

　エストニアという国は、日本人にとってどちらかと言えば、馴染みが薄く、遠い国ではなかったでしょうか？しかし、今やそのエストニアは、最先端のデジタル・ガバメントを持つ国として世界的に知られています。

　エストニアでは、私たち日本人が「いつかは実現するだろう」と考えていることが既に現実のものとなっています。たとえば、住所変更手続き。エストニアではスマートフォンひとつあれば、住民登録から銀行・電気・ガス・水道などの民間サービスまで、10分程度で手続きが完了します。日本での転居経験をお持ちの方には、転居直後の忙しい中、何日もかけてこのような手続きに駆け回った経験がおありの方も少なくないでしょう。

　本書にありますように、エストニアでは、医療・教育・納税・投票など、生活に密着する領域でのデジタル化が進んでいます。なぜ、先進国であるはずの日本では、いまだ実現していないのでしょうか？今後、少子高齢化が加速し、社会のさまざまな領域で人材不足が顕在化していく日本では、社会のデジタル化が急務と言えます。日本のシンクタンクとして、エストニアのデジタル化のノウハウをなんとか日本に伝えたい、という思いから本書の翻訳プロジェクトは始まりました。

　本書は、エストニアのe-Governance Academy（eGA）の発行する『e-Estonia: e-Governance in Practice』を全訳したものです。弊社とeGAは、昨年、覚書を締結し、デジタル・ガバメントに関する国際会議やセミナーの開催等、活発な連携活動を行っております。本書にはエストニアにおけるデジタル社会の理論と実践が、わかりやすく、体系的にまとめられています。本書が日本の皆様に広く共有され、デジタル・ガバメントの実現、日本社会のデジタル化に向けた取り組みの一助となればと願っております。

　弊社は、eGAをはじめとするデジタル・ガバメントやスマートシティに関する専門性を持つ国内外の様々な機関と連携することにより、日本社会のデジタル化の方向性に関する提言、またその実現を担う人材の育成等、多角的な活動に注力しております。弊社としても、読者の皆様と一緒に日本のデジタル化の一翼を担えればと考えております。

本書の出版にあたり、代表のArvo Ott氏をはじめとするeGAの皆様には、多大なるご協力をいただきました。また、平井卓也内閣府特命担当大臣からは、本書への序文を賜りました。さらに、日経BP社のご担当の方々には、翻訳から出版にいたるまでご支援をいただきました。この場をお借りし、心より感謝申し上げます。

南雲岳彦
（三菱UFJリサーチ＆コンサルティング株式会社常務執行役員）

[監訳者紹介]
三菱UFJリサーチ＆コンサルティング
三菱UFJファイナンシャル・グループのシンクタンク・コンサルティングファームとして、
東京、名古屋、大阪の3大都市を拠点に、コンサルティング、グローバル経営サポート、政
策研究・提言、マクロ経済調査、セミナーを通じた人材育成支援等、多様なサービスを展開
している。顧客が直面している課題に対し、ベスト・ソリューションを提供するとともに、
次世代の新しい社会を拓く提言・提案を積極的に実施。インフルエンシャルなシンクタンク
として高い評価を得ている。

[執筆者]

Margus Arm, Karina Egipt, Risto Hansen, Olav Harjo, Marily Hendrikson, Liia Hänni, Raul Kaidro, Annela Kiirats, Jelizaveta Krenjova-Cepilova, Katrin Nyman-Metcalf, Arvo Ott, Mari Pedak, Kristina Reinsalu, Raul Rikk, Sandra Roosna, Anu Vahtra-Hellat, Uuno Vallner, Linnar Viik

[写真]

e-Estonia.com (p.31,66), e-Governance Academy (p.17,32,33,34,108,109), Margus Heinmets (p.29), Egert Kamenik (p.10,11,12,13,14,15,19,21,22,24,25,26,48,62,63,65,66,67,69,73,74,83,85,94,100, 103, 104,111), Shutterstock (p.39,41,43,52,54,55,68,87,89,90,92,114), Kristi Kamenik (p.16), Kaupo Kalda (p.4,8), Marko Mumm (p.45), Look@world (p.109,112), Raigo Pajula (p.40,56), Rene Suurkaev (p.23), Police and Border Guard Board (p.58).

[オリジナル・ブックデザイン]

Optimist Group, O2works, Sille Martma

[編集・校正]

Robin Gurney, Marit Lani

Special thanks to:

Hotell Palace, Emergency Control Centre, Government Office of Estonia, The Parliament of Estonia, State Information Authority, Tallinn Lennart Meri Airport, Carmen Catering, Mektory, Notary Office Aigro, Press and Alekand, Police and Border Guard Board, Benu Apteek, Foundation Look at World, Trüb AB, Westholm High School, Anneken Rikk, Aare Kööp, Peeter Ross and Eero Merilind

e-Estonia. e-Governance in Practice
The 3rd Updated Edition
by e-Governance Academy
Copyright © e-Governance Academy 2016, 2017, 2019. All rights reserved.

e-エストニア──デジタル・ガバナンスの最前線

2019年6月10日　第1版第1刷発行

編著　　　e-Governance Academy
監訳　　　三菱UFJリサーチ＆コンサルティング
翻訳　　　山田美明／杉田真／芝瑞紀
翻訳協力　株式会社リベル

発行者　　村上広樹
発行　　　日経BP
発売　　　日経BPマーケティング
　　　　　〒105-8308
　　　　　東京都港区虎ノ門4-3-12

装幀　　　松田行正／倉橋 弘（株式会社マツダオフィス）
制作　　　アーティザンカンパニー株式会社
印刷・製本　シナノ

ISBN 978-4-8222-8967-6　　Printed in Japan

本書の無断複写・複製（コピー等）は著作権法上の例外を除き、禁じられています。購入者以外の第三者による電子デー
タ及び電子書籍化は、私的使用を含め一切認められていません。
本書籍に関するお問い合わせ、ご連絡は下記にて承ります。
https://nkbp.jp/booksQA